HERDERBÜCHEREI
»TEXTE ZUM NACHDENKEN«

HERAUSGEGEBEN VON
GERTRUDE UND THOMAS SARTORY

BAND 1342

»Texte zum Nachdenken«

In den Büchern der Menschheit ist eine Fülle von Texten zu finden, die das Bewußtsein weiten und verändern, die Seele wandeln. Vorausgesetzt, man liest diese Texte wieder und wieder, läßt sie immer tiefer eindringen in Geist und Herz. Hier trennt nicht die Fremde der Zeit oder die Ferne der Kontinente, denn in tieferen Schichten der Seele sind alle Menschen einander verwandt.

Diese seit Jahren bewährte Reihe der Herderbücherei wurde von Thomas und Gertrude Sartory begründet. Eine Reihe von Dichtern und Denkern, Heiligen und Weisen kamen in ihr bereits zu Wort. In jedem Band wird eine andere Gestalt oder Tradition für Leser von heute erschlossen, jeweils unter einer Fragestellung, die uns in unserer Zeit besonders bewegt. Die schöne Gestaltung eines jeden Bandes lädt zum verweilenden Lesen ein, aber auch zum Verschenken.

Seit dem Tod von Thomas Sartory († 1982) führt Gertrude Sartory als Herausgeberin die Reihe weiter. Dr. iur. can. Gertrude Sartory, 1923 in Hamm geboren, ist freiberuflich als Publizistin tätig.

Ihre Anschrift: 8301 Niederaichbach bei Landshut.

Dieses Buch ist der 50. Band in der Reihe »Texte zum Nachdenken«.

SCHLÜSSEL ZUM GEHEIMNIS DER WELT

MEDITATIONSÜBUNGEN ZUM TAROT

Ausgewählt und eingeleitet von
Gertrude Sartory

HERDERBÜCHEREI

Veröffentlicht als Herder-Taschenbuch
Diese Ausgabe stellt eine Auswahl dar aus dem Werk
»Die großen Arcana des Tarot« des Anonymus d'Outre-Tombe,
Verlag Herder, Basel
Buchumschlag: Willy Kretzer

Gesetzt in der Times-Antiqua (Digiset)
Herder Freiburg · Basel · Wien
Gesamtherstellung:
Offizin Herder in Freiburg im Breisgau 1987
ISBN 3-451-08342-6

Inhalt

Zum Werk über »Die Großen Arcana des Tarot«

Ein Freund schenkte uns 1972 – druckfrisch, aus einem uns unbekannten Verlag – ein Buch: über fünfhundert großformatige Seiten, engbedruckt. Er wollte unsere »theologische Meinung« dazu hören. Jedoch sprengte es die Grenzen unserer Urteilskompetenz, führte es uns doch in uns unvertraute Regionen des Denkens. Wir gerieten in neue geistige Landschaften – – – und entdeckten schließlich zu unserer Überraschung, daß viele altüberlieferte, scheinbar überlebte Glaubenslehren der Kirche dort eine ganz neue Leucht- und Überzeugungskraft gewannen. Nicht zuletzt deshalb wurde das Buch für Thomas Sartory und mich zu einem Meilenstein unseres geistigen Weges.

Dabei wirkte es auf den ersten Blick eher befremdlich. Es hatte den seltsamen Titel »Meditationen über die Großen Arcana des Taro« – mit dem Untertitel: »22 Briefe an den unbekannten Freund«. »Große Arcana« klang mystifizierend, der Taro (oder Tarot) war uns kein Begriff, und als »unbekannter Freund« von einem Autor angeredet zu werden, der seinen eigenen Namen nicht preisgab, hätte uns argwöhnisch machen können, zumal der Hinweis, daß das Buch »nach der Abschrift eines französischen Originals« übersetzt worden sei, den spontanen Eindruck der Geheimnistuerei nur noch vertiefte. Andererseits verbürgte der Name des Herausgebers die Seriosität dieser Publikation, denn für eine windige Sache hätte wohl Ernst von Hippel, emeritierter Ordinarius für Staatsrecht an der Universität Köln, seinen wissenschaftlichen Ruf nicht aufs Spiel gesetzt.

Inzwischen ist das Werk (das in seinem französischen Original erst 1980 in Paris erschienen ist) in einer neuen Übersetzung 1983 bei Herder – Basel herausgekommen und in dieser Ausgabe auch die Grundlage unserer Text-Auswahl. Als Herausgeber zeichnen jetzt der Staatsrechtler Martin Kriele (Nachfolger von Hippels auf dem Kölner Lehrstuhl) und der Münchener Philosoph Robert Spaemann; Hans Urs von Balthasar hat zu dieser Neuausgabe eine Einführung geschrieben.

Der Verfasser des Werkes blieb auch jetzt ungenannt und wurde lediglich als »Der Anonymus d'Outre Tombe (»Der Namenlose von jenseits des Grabes«) gekennzeichnet. Zur Person wird auf dem Rückendeckel nur angemerkt, daß der Verfasser 1900 in St. Petersburg geboren wurde, daß er nach dem Ersten Weltkrieg zunächst in Estland lebte und wirkte, später in Holland, Deutschland und England, und daß er 1973 gestorben ist. – Wer allerdings das im selben Verlag und ebenfalls von M. Kriele und R. Spaemann herausgegebene Buch von Valentin Tomberg (»Lazarus komm heraus«, Herder – Basel 1985) liest und es dann vergleicht mit dem Werk über »Die Großen Arcana des Tarot – Meditationen« (wie Haupt- und Untertitel jetzt lauten), wird über die Identität der beiden Verfasser nicht lange rätseln.

Dennoch möchte ich bei dieser Textauswahl aus dem Tarot-Buch und im Rahmen der Einleitung jene Namenlosigkeit des Verfassers respektieren, die dieser für die Veröffentlichung seines zentralen Lebenswerkes zur Bedingung gemacht hatte. Aus Gründen offenbar, die mit dem vielschichtigen Werdeprozeß dieser Meditationen zusammenhängen! Anders als bei seinen sonstigen Publikationen fühlte er sich hier wohl nur bedingt als Autor im Vollsinn des »geistigen Urhebers«. Eher mochte er sich als Mitautor in einer Art »Autorengemeinschaft« betrachten – als Glied einer Überlieferungskette, deren frühere Glieder nicht tot sind, sondern leben. Er empfand die Verbundenheit mit diesen Geistesverwandten, diesen »Freunden jenseits des Grabes«, als ebenso konkret und persönlich wie wirksam und hilfreich. Mochten sie auch bereits vor Jahrhunderten oder Jahrtausenden »von diesem irdischen Plan verschwunden« sein, wie er statt »sterben« gerne sagt. Geistige Gemeinschaft endet nicht durch »Tod«, da Himmel und Erde, Jenseits und Diesseits, eine einheitliche Wirklichkeit bilden – so verschiedenartig die Existenzweisen »hier« und »dort« auch sein mögen. Haben nicht überall Menschen gelegentlich die Erfahrung gemacht, daß »Engel« und »Heilige« (oder wie immer sie sie nannten) vom Himmel her sich der Irdischen annehmen, beistehend, helfend, inspirierend? In einer großen geistigen Tradition zu stehen, bedeutet für den Verfasser ein »Gemeinschafts-Erlebnis« im umfassenden Sinn des Wortes. Da hat man nicht nur papierne Hinterlassenschaften zur Verfügung, so daß man aus den Gedanken und geistigen Bemühungen der Vor-gänger Anregung und Erkenntnisbereicherung gewinnen kann. Jene bleiben vielmehr auf eine ganz aktuelle Art »Gefährten«. Das Wesen der Tradition sei nicht *Lehre,* sagt der Anonymus, »sondern eine Gemeinschaft der Geister von Zeitalter zu Zeitalter« (S. XVIII). »Lebende Wesen« bilden »die Glieder der Kette der Tradition« (a. a. O.:), und so sind seine eigenen »Meditationen« zugleich Früchte einer Gemeinschaft, die durch eine gemeinsame Berufung miteinander verkettet ist.

Verbunden durch die spezifische Berufung zur *Erkenntnis,* das Wort »Erkenntnis« hier im umfassenden, im tiefsten Sinn verstanden! Nicht »Erkenntnisse« im Plural, beliebig vermehrbare, deren Quantität in der heutigen Wissensexplosion ins Gigantische wächst! Sondern Erkenntnis als Ein-Sicht in die inneren Zusammenhänge aller Wirklichkeit. Also »erkennen, was die Welt im Innersten zusammehält«? Ja – aber nicht in faustischer Bemächtigung, sondern aus der eingeborenen Religiosität der Seele, deren »Sensoren« für den göttlichen Urgrund aller Dinge noch intakt sind, so daß sie die »Vernetzung« aller Wirklichkeitsbereiche untereinander spüren – wie etwa die von Materie und Geist, von Erde und Himmel. Diese Sensibilität für jegliches Anzeichen umfassender Ganzheit und Einheit bilden zusammen mit dem elementaren Bedürfnis, das intuitiv Wahr-genommene auch geistig zu verstehen und zu durchdringen, das innere Wahrzeichen der »hermetischen« Tradition, auf die unser Autor sich immer wieder bezieht und beruft.

Der Verfasser versteht sich als christlicher *Hermetiker* – jenem Überlieferungsstrom zugehörig, der nach dem rätselhaften Hermes Trismegistos benannt wird. Hermes Trismegistos, »Dreimal Großer Hermes« – so nannten die Griechen den ägyptischen Thot, den Schreiber der Götter und Gott der Weisheit, den Erfinder der Schrift, den Beschützer der Wissenschaft, den Hüter der magischen Künste. Ein vergöttlichter Mensch? Ein vermenschlichter Gott? Als präzise Fragen gestellt, bleiben sie unbeantwortbar. Rein historisch läßt sich das Rätsel »Hermes Trismegistos« nicht lösen. Faktum ist, daß die Griechen sich als Erben ägyptischer Weisheit betrachteten, und daß christliche Kirchenväter dem Hermes Trismegistos »einen Ehrenplatz unter den heidnischen Philosophen und Weisen einräumten« (H. Urs von Balthasar S. X). Ja, der frühchristliche Klemens von Alexandrien (* um 140/150) wirft den hervorragendsten (heidnischen) Philosophen der Griechen sogar vor, sie hätten »ihre schönsten Lehren von uns entwendet«, hätten doch die Ägypter eine nur ihnen eigene Art von Philosophie; zum Beweis dessen führt Klemens die verschiedenen Gruppen von insgesamt 49 »Büchern des Hermes« an (von denen keins mehr existiert), skizziert, wovon die einzelnen Gruppen handeln, und beschreibt deren jeweilige Rolle »im ehrwürdigen Kultus der Ägypter« (»Teppiche« 6,4).

Dagegen dürfte das heute noch vorliegende »Corpus Hermeticum« erst im 2.–3. Jh. n. Chr. entstanden sein. Was natürlich über das wirkliche Alter der Traditionen nichts aussagt, die in diesen »hermetischen Schriften« verarbeitet worden sind! Magdalene Miller kommt in ihrer Untersuchung der Geschichte der hermetischen Tradition zu dem Schluß, daß die Bücher dieses Corpus Hermeticum »altes ägyptisches und orientalisches Gut im hellenistischen Gewand der Spätzeit« sind.

Also doch vielleicht letztlich zurückgehend auf einen »Hermes Trismegistos«? Rein historisch läßt sich diese Frage nicht beantworten. Die Gesetze geistigen Lebens sprechen allerdings für die Wahrscheinlichkeit, daß eine Persönlichkeit von überragender geistiger und spiritueller Prägekraft Ursprung des hermetischen Überlieferungsstromes ist. Auch im Abendland des frühen und hohen Mittelalters war man von dieser Tradition fasziniert, und in der Renaissance glaubte man, daß der hochverehrte Hermes Trismegistos (den man freilich nur aus dem »Corpus Hermeticum« kannte) ein Zeitgenosse des großen Mose gewesen sein müsse. – Gibt es Querverbindungen zwischen der biblischen und der hermetischen Tradition? Was bedeutet der Hinweis in der Apostelgeschichte, daß Mose »unterrichtet ward in aller Weisheit der Ägypter und mächtig war in seinen Worten und Werken« (7,22). Könnte die hier angesprochene »Weisheit der Ägypter« etwas mit der nach Hermes Trismegistos benannten Weisheitstradition zu tun haben? Wiederum eine unbeantwortbare und darum schließlich auch müßige Frage.

Nicht müßig aber ist die Entdeckung, daß die biblische und die hermetische Tradition bestimmte ähnliche Denkstrukturen zeigen, denn diese Verwandtschaft erklärt, warum gerade aus dem Schatz hermetischer Weisheit so viel Erhellendes für das biblische Wirklichkeitsverständnis zu gewinnen ist. Das gilt insbesondere für das Grundprinzip hermetischen Denkens, wonach:

»Was unten ist, ist wie das, was oben ist, und was oben ist, ist wie das, was unten ist, um die Wunder des Einen zu vollbringen.«

Dieses Ur-Wort der berühmten Tabula Smaragdina (die gleichsam die Grundvoraussetzungen – Axiome – hermetischen Denkens verzeichnet) spielt in den »Meditationen« des Anonymus eine entscheidende Rolle, regt ihn zu immer wieder neuen Verknüpfungen von »oben« und »unten« an. Denn dieser hermetische Grund-Satz ist gleichzeitig ja auch wie ein Schlüssel-Wort zum biblischen Denken, das keine Spaltung von Diesseits und Jenseits, Erde und Himmel, »unten« und »oben« kennt, sondern immer wieder beide Seiten in ihrer Bezogenheit aufeinander zeigt. So etwa, wenn dem Mose im Wolkendunkel des Gottesberges das himmlische »Modell« des zu errichtenden Heiligtums enthüllt wird – und es dann bei jeder Detailanweisung heißt: mach es genau nach dem Vor-Bild, das dir gezeigt worden ist (Ex Kap 25 ff.). Irdisches und himmlisches Heiligtum ent-sprechen einander, darum ist irdische Liturgie nur aus ihrer Korrespondenz mit dem himmlischen Kult zu verstehen.

Da Erde-Himmel eine einzige Wirklichkeit ist, kann es auch »unten« nichts Isoliertes geben, muß alles mit allem in Beziehung sein, »organisiert« im Sinne eines lebendigen Organismus. Diesem *einen Ganzen* ist der Hermetiker auf der Spur. Wie alles zusammengehört – das möchte er erkennen. Hermetiker sind nicht Wissenschaftler, nicht Künstler und – leider! – als Hermetiker noch keine Heilige. »Die Leute des Glaubens, der Wissenschaft und der Kunst sind ihnen in mehreren wesentlichen Punkten überlegen ... Was sie besitzen, ist nur die gemeinsame Seele der Religion, der Wissenschaft und der Kunst. (S. 4) Hermetik ist keine höhere Form von Wissenschaft, Kunst oder Religion – sie ist lediglich ein »Ferment« oder »Enzym« im Organismus des geistigen Lebens der Menschheit. Freilich ein heute besonders unentbehrlicher Wirkstoff, ist doch die Welt nach der Kernspaltung im Materiellen auch von einer geistigen Aufspaltung bedroht, die zu einem Zerfall des geistigen Lebens führen könnte. Das rasant sich mehrende Oberflächenwissen wird zu einem immer isolierter werdenden Detailwissen. Der Erkenntnisdrang des Hermetikers geht in die Tiefe, tief hinunter zu den Wurzeln – bis zu jener Wurzelschicht, wo alles miteinander verflochten ist, was über der Oberfläche eine Riesenmasse von lauter isolierten Einzelheiten zu sein scheint.

»Hermetik ist nicht Exklusivität, sondern *Tiefe*« (S. 459) – aber nicht nur die Tiefe meiner selbst, meiner Seele! Hermetik ist geistige *Erfahrung* – aber nicht nur himmlischer Dinge, sondern auch der irdischen! *Heilige* streben »nach dem göttlichen Leben«, nicht nach »kosmischem Denken, nach dem Verstehen des Zusammenhangs der Dinge«. Sie »erleben das Licht, die Wärme und das Leben des Himmels. Himmlisches Gold, Blau und Weiß strahlen in ihrem Leben und durch ihr Leben« (S. 287). Der Autor läßt keinen Zweifel, daß er darin die höhere Bestimmung sieht. Seine eigene, die des Hermetikers, ist tiefer angesiedelt – sozusagen unterhalb des Himmels, oberhalb der Erde. »Die Hermetiker sind berufen – oder soll ich sagen verurteilt? – weder am Tag der Erde, noch am Tag des Himmels zu leben, vielmehr sind sie eingetaucht in die *Nacht,* in die tiefe Dunkelheit des Mysteriums zwischen Himmel und Erde.« Denn nur jenes Denken, »das Himmel und Erde eint«, vermittelt »die Schau und das Verstehen der Gesamtheit der Dinge.« (a. a. O.:)

Nur wer das, was oben ist, unten wiedergespiegelt findet, und das, was unten ist, von dem her versteht, was oben ist, ist ein Hermetiker. Irdisches sieht er im Licht von oben – und das Himmlische in seinen Konkretionen unten. Darum ist sein Feld nicht die Wissenschaft, obwohl er nicht aufhört, bei ihr in die Schule zu gehen. Sein Feld ist aber auch nicht die Theologie. Auch der christliche Hermetiker fühlt sich nicht als Konkurrent der Theologen, und wenn er ein Katholik von der geistigen Konsequenz unseres Autors ist, wird er nicht auf den Gedanken kommen, die Erkenntnisse der Hermetik dispensierten ihn von der geheiligten Lehre der Kirche (wenn er auch etliches – wie etwa die Reinkarnation – für christlich taufbar hält, über dessen Integrierbarkeit man anderer Meinung sein kann aus gewichtigen theologischen Gründen). Seine Position ist die des umgekehrt *Aufgehängten* im 12. Arcanum des Tarot: die Füße *oben* auf dem festen Boden des Glaubens – den Kopf nach *unten,* um das irdisch Verstehbare an den himmelirdischen Mysterien zu erforschen, es so tief wie möglich ein-zusehen. Ein christlicher Hermetiker maßt sich nicht an, eine subtilere Art von Theologie zu haben, weil er über »höheres Wissen« gebiete als die Theologen: ihm geht es vielmehr um die Verwurzelung des Glaubens in einer besser verstandenen Welt.

Was spielt sich beispielsweise bei dem Vorgang ab, den wir »sterben« nennen? Oder wie »funktioniert« ein Wunder? Wäre ein Auferstehungsleib jenseits all unserer Denkkategorien, oder könnte man sich sehr wohl »etwas darunter vorstellen«? Ist Evolution einfach eine Tatsache der »Natur« – oder ist da doch ein Defekt mit im Spiel, zumindest dann, wenn man die Evolution im Licht der »moralischen Ordnung« betrachtet?

Aber kann man einen Naturvorgang »moralisch« werten? Mit dieser Frage nähern wir uns allmählich den »Meditationen« über die Arcana des Tarot. Für den Verfasser hat das Wort »moralisch« ein überraschend breites Bedeutungsfeld. »Moralisch« (einer seiner Lieblingsbegriffe) bezeichnet bei ihm nicht nur die Ebene des Sittlichen mit seiner Unterscheidung von »gut« und »böse«. *Moralische Welt* – das ist die geistige Welt, die Welt der Freiheit (zu der nicht nur das Gewissen, sondern auch das Wunder gehört) anstelle der Welt kausaler Zwangsläufigkeit, in der das eine aus dem andern sich mit zwingender Notwendigkeit ergibt. Die geistige (»moralische«) Dimension ist nicht einfach das naturhaft Verstandesgemäße, der Hirnlogik Zugängliche. Wer etwa im Hinblick auf die heutigen Probleme der wissenschaftlich-technischen Entwicklung nur fragt: was ist machbar? was ist zweckmäßig? – ist blind für die Dimension des Geistigen, so intelligent er auch sein mag. Dem geistigen Menschen geht es um das Sinnvolle, für die Zukunft der Menschheit Wert-volle: er fragt nach dem »Guten, Wahren und Schönen«. Denn der geistige Mensch ist auf die Widerspiegelung des Himmlischen im Irdischen gepolt, magnetisch angezogen von allem, was gut ist, wahr und schön --- wie es seinem »geistigen« Wesen als Abbild Gottes entspricht.

»Das Denken moralisieren!« (S. 349). Das ist es, was heute nottut. Und dazu kann die Meditation der Arcana des Tarot helfen. Oder umfassender ausgedrückt: der Tarot bietet einen Weg an zur Bewußtseinsveränderung im weitesten Sinn des Wortes. Wer sich tief in diese Arcana hineinmeditiert, wird schließlich anders sehen, anders denken, anders fühlen und werten und am Ende sogar anders wollen.

Und das alles mit Hilfe eines *Kartenspiels?* Der Gedanke ist verblüffend. Jedoch handelt es sich hier nicht um ein beliebiges Kartenspiel. »Tarot ist wohl das ursprünglichste, traditionsreichste europäische Kartenspiel und zugleich eines der geheimnisvollsten. Nicht nur der Herkunft nach, sondern auch in den bildsymbolischen Zusammenhängen und in der Variierung der Sinnbezüge. Daß es von vielen Menschen heutzutate wieder entdeckt wird, hängt gewiß mit dem visuellen Zeitalter und auch mit der Sinnsuche des einzelnen zusammen« (A. Douglas S. 9).

Woher der Tarot stammt, weiß man bis heute nicht. Es gibt verschiedene Erklärungsversuche. So sollen die Zigeuner ihn aus ihrer fernen indischen Heimat mit nach Europa gebracht haben. Andere suchen seinen Ursprung in der jüdischen Kabbala. Auch gibt es eine These, wonach die Tempelritter ihn erfunden haben sollen. Ja, er soll gar (sozusagen »chiffriert«) »Das Heilige Buch des Thoth« darstellen. Man erzählt darüber eine Legende, nach der ägyptische Priester miteinander beraten haben sollen, welchem Medium sie ihre Weisheit anvertrauen könnten, damit sie mit Sicherheit künftigen Geschlechtern nicht verloren gehe. Papier? Stein? Metall? Sie entschieden sich für ein Medium, das es geben wird, solange es Menschen gibt, für das Laster --- und wählten das Kartenspiel. Eine gut erfundene Geschichte! Mit einem Wahrheitskern? Könnte nicht »Ägyptisches«, »Hermetisches«, in den Arcana zum Ausdruck kommen? Für den Anonymus ist der Tarot (mit dem er sich immerhin ein halbes Jahrhundert intensiv beschäftigt hat) tatsächlich so etwas wie das »Heilige Buch des Toth« – aber nicht aufgrund einer ununterbrochenen Überlieferung von Jahrhundert zu Jahrhundert, sondern im Sinn einer »Renaissance«. Er sieht im Tarot »das wiedergeborene Buch« – genauer: hermetische

Weisheit, die aus den Tiefen des Unbewußten mittelalterlicher Menschen in verchristlichter Gestalt wieder hochgetaucht sei (S. 284). Warum soll man es schließlich so nicht sehen können? Glauben nicht die Tiefenpsychologen Jung'scher Schule festgestellt zu haben, daß selbst in den Träumen moderner Menschen gelegentlich antike, ja archaische Mysterien und Kulte wieder hochkommen?

Nun: woher immer der Tarot stammen, wie immer er entstanden sein mag – mit Sicherheit gab es ihn im 14. Jh. in Europa, auch in Deutschland. In Italien nannte man ihn »tarocco«, in Frankreich »tarot«. Das Kartendeck besteht aus 78 Karten und wurde vermutlich aus zwei Spielen zusammengesetzt: den 56-Karten der »Kleinen Arcana« und den 22 Trumpf-Karten der »Großen Arcana«.

In den »Meditationen« geht es nur um die Großen Arcana. Auch verliert der Verfasser kein Wort über den divinatorischen Gebrauch des Tarot, der doch in dessen Geschichte die größte Rolle gespielt hat. *Divination* ist die Kunst des Wahr-sagens – nicht zu verwechseln mit der »Wahrsagerei« des Aberglaubens. Wie man die echte Astrologie, die von jahrtausendelanger Beobachtung und Erfahrung geprägt ist, nicht nach den angeblichen Horoskopen von Scharlatanen beurteilen kann, so auch die Divination nicht nach dem Hokuspokus von »Wahrsagern«. In den alten Religionen galt (und gilt!) Divination als Anteil am Wissen und Vorherwissen der Götter (worauf schon der Name hinweist). Die verschiedenartigen Methoden der Erkundung, Erfragung, galten als religiöse Akte. Auch der alttestamentliche Kult kannte das Priester-Orakel, obwohl »Wahrsagerei« – jeder Versuch, sich auf eigene Faust des Zukunftswissens zu bemächtigen – als Aberglaube, als schwerer Frevel gegen Gott angeprangert wurde. – So hängt auch beim

Gebrauch der Tarot-Karten zur Divination alles davon ab, wer die Karten legt, aus welcher Gesinnung (ob etwa mit Hingabe an die höheren Mächte), mit welcher Kompetenz. Die Zigeuner brauchten seit je den Tarot zum Kartenlegen, meistens vielleicht spielerisch, oft betrügerisch, gelegentlich wohl auch mit seherischer Begabung und geistigem Ernst. In der westlichen Welt wächst heute das Interesse am Tarot: statt sich ans Horoskop zu halten, befragt man die Karten. Doch auch ernsthafte Leute lassen sich vom Tarot führen. In undurchsichtigen Lebenssituationen etwa legen sie sich nach bestimmten Methoden die Karten und entdecken in den Symbolen der Arcana und den Konstellationen der Karten zueinander Erhellung, Lösung, Weisung. Ähnlich, wie andere sich an die Orakel-Antworten des chinesischen I Ging halten! – Wie die beeindruckend hohe Treffsicherheit zu erklären ist (sei es der Horoskope, sei es solcher Orakel wie Tarot und I Ging) – diese Frage ist im Rahmen des kausalen Denkens unbeantwortbar. C. G. Jung hat sich ausführlich mit diesen Phänomenen beschäftigt und aus ihnen erschlossen, daß es »Parallelerscheinungen« geben müsse (»synchrone«, wie er sagt), die nicht in einer Kausalbeziehung zueinander stehen, sondern in einem offenbar andersgearteten Geschehens-Zusammenhang.

Im Werk des Verfassers kommt, wie bereits erwähnt, der Tarot als Orakel nicht vor. Wenn ich mir auch vorstellen kann, daß er selbst die Tarot-Divination gelegentlich praktiziert hat, so läßt er doch jedenfalls diesen Aspekt völlig links liegen. Was er dem Leser vermitteln will, ist etwas anderes, ihm wesentlicher Erscheinendes. Er will die Arcana des Tarot für die Meditation erschließen – meditieren muß der Leser sie dann freilich selbst. Mit bloßem Lesen ist es nicht getan. Nur wer sich auf die geistige Bewegung einläßt, sich ihr überläßt, wird die Arcana schließlich als »Schlüssel« erleben zu den Tiefen des Selbst, ja zu den Tiefen der Welt.

Dies ist vermutlich auch der ursprüngliche Sinn des Tarot. Nach allem, was wir heute über die Tarotkarten wissen, ist es wahrscheinlich, »daß sie erdacht worden sind, um die Grade oder Stufen eines Initiationssystems darzustellen« (A. Douglas * S. 44). Und in der Tat: Daß es sich je beim Tarot um ein ganz normales Kartenspiel gehandelt haben könnte, wird niemand annehmen, der die bildlichen Darstellungen einmal auf sich wirken ließ. »Die geheimnisvolle Schönheit der Karten«, wie A. Douglas sagt, regt die intuitiven Fähigkeiten der Seele an und führt zu einer neuen Art des Verstehens über das bloß Intellektuelle hinaus. »Der Tarot verbindet die Welt des Menschen mit der Welt des Geistes, verknüpft alle Ebenen der Realität und öffnet innere Tore, die bisher verschlossen waren.« (A. Douglas S. 50).

Das geschieht in einem geistigen und spirituellen *Prozeß* – mit andern Worten: in einem stufenweisen Fort-Schritt. Die 22 Karten stehen ähnlich wie die 22 Buchstaben des hebräischen Alphabets in einer beziehungsreichen Reihenfolge und sind darum auch numeriert. Es gibt eine Null-Karte, das Arcanum *der Narr,* und der Anonymus erläutert eingehend, warum er sie – abweichend vom vorherrschenden Brauch – nicht am Schluß beläßt, sondern zwischen dem 20. und dem 21. Arcanum einreiht, so daß *die Welt* nun den krönenden Abschluß bildet. Er zitiert in diesem Zusammenhang Tarot-Kreise in St. Petersburg und einige andere Autoritäten, auf die er sich stützen kann. Denn in einem geistigen Ordnungsgefüge, wie der Tarot sie darstellt, hat die Willkür der Erfindung keine Rechte. Jedes Arcanum steht in charakteristischen Querverbindungen zu

* Alfred Douglas, Ursprung und Praxis des Tarot, Köln 1986.

den anderen Arcana, und die zentralen Themen kehren immer wieder – auf jeweils anderer Ebene und in anderen Verknüpfungen.

Die 22 Karten bilden »einen Organismus, eine Ganzheit« (S. 283). Eine Lebensganzheit! Denn »die Großen Arcana des Tarot sind echte *Symbole,* d.h. sie sind ›magische, mentale, psychische und moralische Operationen‹, die neue Begriffe, Ideen, Gefühle und Bestrebungen erwecken.« (S. 1) – Unter »Operationen« dürfen wir uns nichts Gewaltsames, nichts »ein-Schneidendes« vorstellen – – – und erst recht nichts »Technisches«. Der Verfasser lehnt im Gegenteil alle technischen Methoden im spirituellen Leben ab: er setzt auf die sanfte und doch unwiderstehliche Kraft des »Wachsens«. Das immer wiederkehrende Wort »opération« ist bei unserm Autor von der Grundbedeutung dieses Wortes im Französischen geprägt, wo es eine »bestimmte Wirkungen hervorbringende Tätigkeit« bedeutet. Um die aktive, die gestaltende und verwandelnde Kraft der Symbole der Arcana geht es ihm – und damit zugleich um die seelisch-geistigen Voraussetzungen, unter denen sie sich einzig dem Betrachter erschließen können. Die Meditation der Arcana fordert eine tiefere Aktivität als intellektuelles Studium und intellektuelle Erklärung. Man kann sich ihnen nur in tiefer, wachsender Sammlung nähern. Dann freilich werden »die tiefsten und innersten Schichten der Seele regsam«, und sie werden »Früchte tragen«, die eine intellektuelle Beschäftigung mit ihnen niemals bringen würde. In dieser Wirkkraft der Meditation der Arcana mag man sich als Christ an die Wirkkraft der Sakramente erinnert fühlen, und möglicherweise hat der Autor aus diesem Grund eine Vorliebe für das Wort »opération«, das in der Sakramentstheologie seine Rolle spielt.

Denn der Autor scheut sich ja auch nicht, Sakramente als »magische Operationen« zu bezeichnen. Er sieht in den Sieben Mysterien des Christentums den unüberbietbaren Gipfel der »Magie« – aber eben einer »heiligen Magie«, weil bei ihr Gott der Wirkende ist und der Mensch nur das irdische Instrument. Aber wäre es nicht besser gewesen, das belastete und mißverständliche Wort »Magie« zu meiden? Vielleicht hat schon mancher, der diese »Meditationen« lesen wollte, das Buch erschrocken wieder zugeklappt, weil da so ernsthaft und positiv von Gnosis und Magie, von Astrologie, Alchemie usw. die Rede ist. Aber diese Meditationen über die Großen Arcana des Tarot haben eben einen ganz bestimmten »Sitz im Leben« – sind gleichsam im Schoß der hermetischen Tradition entstanden. Hermetik aber ist letztlich nichts anderes als die *Synthese* von Mystik, Gnosis und Magie, wie der Autor nicht müde wird zu betonen.

Mystik – unmittelbare *Erfahrung* des Göttlichen. Wie in direkter Berührung! Erfahrung des »Anderen«! Erfahrung dessen, was transzendent ist, was »oben« ist und zugleich die letzte, innerste »Tiefe« von allem ist. Erfahrung: übergedanklich, unaussprechlich, nicht-mitteilbar. *Der Gaukler* des 1. Arcanum ist ihr Symbol.

Gnosis (= Erkenntnis) – zum *Wissen* gewordene mystische Erfahrung. Die Spiegelung des unmittelbar Erfahrenen in der Reflexion. Also unter Beteiligung von Begriffsvermögen und Gedächtnis. So daß das Erfahrene nunmehr ausdrückbar und mitteilbar wird. In diesem Sinn waren auch Mystiker wie Teresa von Avila und Johannes vom Kreuz »Gnostiker«: nicht nur Menschen höchster Erfahrungen, sondern auch fähig, das Erfahrene hinterher zu reflektieren, d.h. im Bewußtsein zu spiegeln. Um so im Rahmen des Sagbaren auch anderen Menschen an ihren Erfahrungen Anteil geben zu können – in Wort wie Schrift! Damit wird der »Erkennende«, der »Gnostiker«, zum Brückenbauer (= Pontifex), bzw. in der weiblichen Gestalt des 2. Arcanum zur *Päpstin,* die die Gnosis repräsentiert und darum auch das *Buch* trägt.

Magie – Praxis gewordene Mystik und Gnosis. Wirksam-werden der mystischen Vereinigung mit Gott in gestaltenden Taten. Wie an den großen »Wundertätern« unter den Heiligen exemplarisch deutlich wird. *Die Kaiserin* des 3. Arcanum trägt Krone und Zepter der heiligen Magie.

Der Anonymus läßt sich in seinen Meditationen über die Arcana von den betreffenden Tarotkarten nicht nur an-regen. Intensive Versenkung in die Kartenbilder beseelt, belebt ihn immer wieder aufs neue, führt die Meditation in immer größere Tiefen. Dieser Prozeß in seiner Verschränkung mit der Bildmeditation läßt sich natürlich in einer Auswahl nicht vermitteln. Dennoch wird dem Leser hier mehr geboten als eine bloße Sammlung von »Lesefrüchten«. Alle Arcana sind vertreten, wie knapp auch immer, so daß in den ausgewählten Texten der Geist des Ganzen ahnbar bleibt. Nicht, als könnte hier, wenigstens andeutungsweise, eine Vorstellung von der Spannweite und Tiefe der »Meditationen« zu den einzelnen Arcana vermittelt werden! Auch hatte ich keineswegs »freie Auswahl«. In Frage kamen nur Texte, die kurz genug waren, in sich verständlich und dem Leser ohne Kenntnis des unmittelbaren Zusammenhanges zugänglich. Doch sind die ausgewählten Texte für das jeweilige Arcanum wenigstens auf *einer* Ebene repräsentativ (die »Meditationen« erschließen bei jedem Arcanum eine Vielzahl solcher Ebenen). Auf diese Weise sind trotz der Umfangbegrenzung eines schmalen Taschenbuches Texte zusammengekommen, die über ihre inhaltliche Aussage hinaus etwas vom »Hauch« der geistigen und spirituellen Atmosphäre dieses Tarotbuches vermitteln. So daß man spürt: hier geht es um seelische und geistige Prozesse – hier geht es um neue Arten des Sehens, Denkens, Wertens – hier geht es um »Schlüssel zum Geheimnis der Welt«.

Wie aber können *Geheimnisse* ein Geheimnis erschließen? »Arcana« sollen ja als Schlüssel dienen. Bedeutet »Arcanum« nicht seinerseits schon »Geheimnis«? Jedenfalls ist das der unmittelbare Wortsinn. Doch haben die Arcana des Tarot eine spezifische Bedeutung. Als echte Symbole bergen sie die Wahrheit so, daß sie sie zwar einerseits ver-bergen (durch Bilder verschlüsselt, dem oberflächlichen Blick und dem nur analysierenden Verstand ihr Geheimnis nicht preisgebend) – daß sie aber andererseits ihre Wahrheit sehr wohl enthüllen (dem tief sich Versenkenden, den Bildern ganz sich Hingebenden). So gewinnt der Meditierende durch die Arcana einen Blick für die Tiefe und damit auch Ein-Blicke in das umfassende Arcanum (»Geheimnis«) der Welt.

Das ist es, was ihn zum *Esoteriker* macht (dieses Wort im Sinne des Autors verstanden). Nicht höhere Wahrheiten, die für gewöhnliche Sterbliche nicht bestimmt wären! Das tiefere Ein-Sehen charakterisiert den Esoteriker, seine persönlichen, tiefdringenden Erfahrungen mit der Wahrheit. Er »versenkt sich« in das *Innere* der Wahrheit (esoterikos = innerlich) – derselben Wahrheit, die für alle gilt, die man aber gewöhnlich nur von ihrer *Außenseite* her, »exoterisch«, zur Kenntnis nimmt.

Der wahre Hermetiker jedenfalls ist kein esoterischer Sektierer.

Er verachtet die exoterische Wahrheit nicht – die »objektive«, d. h. allgemein-gültige, grundsätzlich beweisbare. Es gibt nur *eine* Wahrheit: ihre Innenseite kann ihrer Außenseite nicht widersprechen. Für den auf

Einheit gepolten Hermetiker wäre es absurd, Außen- und Innenseite der Wahrheit auseinanderzureißen. Was als objektive Wahrheit wissenschaftlich erwiesen ist, akzeptiert er vorbehaltlos, wenngleich Wahrheiten dieser Art für ihn nicht den Gipfel der Erkenntnis bilden, sondern den Ausgangspunkt für tiefer dringende Erkenntnisbemühung.

Als christlicher Hermetiker nimmt der Verfasser auch jede »objektive« Glaubens-Wahrheit ohne innere Reserve an. In diesem Punkt müssen wir ihn genau verstehen, weil wir nur auf diesem Hintergrund die esoterische Wahrheit der »Meditationen« und *ihre* Art von Wahrheitsgewißheit richtig einordnen. – Die Dogmen des Christentums gehören für den Autor zur Ebene der exoterischen Wahrheiten, der »im äußeren Bereich« (in foro externo) aufweisbaren *objektiven* Wahrheit. »Objektiv« kann allerdings in diesem Fall nur bedeuten: für jedermann gültig, jedem Menschen grundsätzlich zugänglich – falls er die christliche Glaubens-Vorentscheidung teilt, falls er also die Heilige Schrift als Urkunde göttlicher Offenbarung verehrt und die Lehre der Kirche als deren verbindliche Interpretation »gläubig« annimmt.

Die exoterische Wahrheit der Dogmen hat aber auch ihre Innenseite, in die der Esoteriker sich vertieft. Dort bewegt er sich in einem Bereich jenseits des objektiv Feststehenden – in einem Bereich, wo einem etwas sonnenklar sein kann, ohne daß man diese innere Wahrheitsgewißheit überzeugend begründen könnte. Hier handelt es sich um das »forum internum« der Gewißheit des Herzens. Um »intime Gewißheit«, wie der Autor gerne sagt. Hier wird die objektive Wahrheit zu meiner Wahrheit – mir so evident durch ihre geistige Folgerichtigkeit, mir so ein-leuchtend durch ihre seelenerwärmende Schönheit und Tiefe, daß schließlich von den

Mühsalen des Glaubens mit seinen Fragen und Zweifeln nichts bleibt, und die Klarheit innerer »Erkenntnis« (= Gnosis) sie ablöst. Die Meditation der Arcana des Tarot kann zu solch einem inneren Wahrheitserleben führen. Und das ist auch das Ziel der »meditativen Arbeit«, wie der Autor sie nennt. »Meditieren ist denken«, sagt er (denn jene tiefste geistige Versenkung, in der alle Denkbewegung zur »Ruhe« kommt, aufhört, wird in der abendländischen Überlieferung nicht Meditation genannt, sondern »Kontemplation«). Meditieren ist tiefes Denken, »um Gewißheit im inneren Forum zu erreichen, unter Verzicht auf jeden Anspruch, zu Dingen von allgemeiner Gültigkeit zu gelangen, die ein Beitrag zur Wissenschaft wären« (S. 373). Darum besteht das Tarot-Buch nicht aus Abhandlungen zu den Arcana, sondern aus »Briefen«, und nicht an den Intellekt beliebiger Leser richtet sich der Autor, sondern an Geist, Seele, Herz des »Unbekannten Freundes«, der die Sehnsucht nach Tiefe, nach Einheit, nach dem *einen* Ganzen, mit ihm teilt. Sonst läse er ja diese »Briefe« nicht, die »nur Meditationen sind«. Meditationen, in denen es immer um die *eine* Frage geht, »gestellt und beantwortet in aller Redlichkeit, an unser eigenes Gewissen und durch unser eigenes Gewissen: ›Was weiß *ich?*‹ und nicht: ›was weiß *man*?‹ « (a. a. O.).

Ein Einsamer ist, wer nach dieser intimen Gewißheit trachtet, aber allein ist er nicht. Für den Anonymus als christlichen Hermetiker sind vor allem Kirchenväter, Mystiker und Heilige der Kirche die Sterne an seinem Geisteshimmel, an denen er sich orientiert, von denen er sich führen läßt. Doch auch tiefe Inspirationen von Hinduismus und Buddhismus fließen in seine Meditationen ein, und unverkennbar verdankt er vor allem der Anthroposophie Rudolf Steiners wesentliche Impulse. Seine Beziehung zur mystischen Überlieferung der Kabbala vergleicht er sogar mit der Beziehung des Neuen Testaments zum Alten: immer wiederkehrend meditiert er die Arcana des Tarot auch auf der Sprach- und Bildebene der Kabbala.

Das hat nichts zu tun mit Synkretismus, den er entschieden ablehnt. Christus ist das strahlende Zentralgestirn, und jede Wahrheit, wo immer sie erahnt, erspürt, gefunden worden ist, ist ihm ein Widerschein jener Sonne, die das »Licht der Welt« ist, Aus-Wortung jenes WORTES, durch das alles geworden ist, was da ist (wie es im Prolog des Johannesevangeliums so lapidar heißt).

Das WORT, das *Fleisch* geworden ist: die Vereinigung von Himmel und Erde in *einer Person.*

Und der Autor, der ein halbes Jahrhundert lang die Arcana des Tarot immer wieder neu meditiert hat und der in seinem langen Leben wohl nicht nur theoretische Kontakte gehabt hat zum weiten Feld der Magie, glaubt entschieden, daß nur die »Fünf Heiligen Wunden« Quelle der wahren Magie sind.

Die Fünf Wunden am verklärten Leib Jesu Christi, der gelitten hat, gestorben und von den Toten erstanden ist: sie bilden das »Pentagramm« der heiligen Magie, durch die die ganze Welt verwandelt wird.

Die Texte sind gegliedert worden, um ein verinnerndes Lesen zu erleichtern:

* zeigt an, daß ein durchlaufender Text unterteilt worden ist;
* * bedeutet, daß die Texte in engem Zusammenhang stehen;
* * * macht aufmerksam, daß die Gedankenführung neu ansetzt.

Die kursiv gesetzten Untertitel der Arcana stammen nicht vom Autor. Sie bieten dem Leser eine gewisse Orientierungshilfe, keine Inhaltsangabe.

DER GAUKLER

Das Arcanum der Mystik

Daß sich die Reihe der Symbole, d.h. der Enthüller der *Arcana,* die das Tarotspiel ausmachen, mit einem Bild eröffnet, welches einen Gaukler darstellt, der Kunststücke vorführt, ist wirklich erstaunlich! Wie soll man dies erklären?

Das erste Arcanum, das allen anderen 21 Großen Arcana des Tarot zugrundeliegende Prinzip, ist dasjenige der *Beziehung zwischen persönlicher Bemühung und spiritueller Wirklichkeit.* Es nimmt den ersten Platz in der Reihe ein, weil, wenn man es nicht verstanden, d.h. nicht in der Praxis von Erkenntnis und Verwirklichung begriffen hat, man nicht weiß, was mit den anderen Arcana anzufangen ist.

*

Denn der Gaukler ist berufen, die praktische *Methode,* die sich auf alle anderen Arcana bezieht, zu enthüllen. Er ist »das Arcanum der Arcana« in dem Sinne, daß er enthüllt, was man wissen und können muß, um in die Schule der geistigen Übungen, welche das Tarotspiel in seiner Gesamtheit darstellt, einzutreten, damit man daraus einigen Nutzen ziehen kann.

* * *

In der Tat kann das erste und grundlegende Prinzip der Esoterik, d.h. des Weges der Erfahrung der Wirklichkeit des Geistes, wiedergegeben werden durch die Formel:

»Lernt zuerst Konzentration ohne Anstrengung; wandelt die Arbeit um in Spiel; sorgt dafür, daß jedes Joch, das ihr angenommen habt, sanft, und jede Bürde, die ihr tragt, leicht sei!«

* *

Es gilt indessen, zwei Arten von Konzentration zu unterscheiden, die wesentlich verschieden sind. Die eine ist die uneigennützige (sachbezogene) *Konzentration* und die andere die eigennützige (ichbezogene) *Konzentration.* Die erste wird einem von unterjochenden Leidenschaften, Besessenheiten und Bindungen freien Willen verdankt, während die andere dagegen gerade das Ergebnis einer dominierenden Leidenschaft, Besessenheit oder Gebundenheit ist. Ein Mönch in der Sammlung beim Gebet und ein rasender Stier sind, einer wie der andere, konzentriert – aber der eine ist es im Frieden der Sammlung, während der andere fortgerissen wird durch die Wut. Auch starke Leidenschaften bringen also ein hohes Maß an Konzentration hervor. So entwickeln die Gierigen, die Geizhälse, die Hochmütigen und die Menschen mit Wahnvorstellungen manchmal eine bemerkenswerte Konzentration. In Wahrheit ist es aber wohl kaum *Konzentration,* sondern eher *Besessenheit,* um die es sich bei ihnen handelt.

*

Die wahre Konzentration ist eine freie Tat im Lichte und im Frieden. Sie setzt einen uneigennützigen und leidenschaftslosen Willen voraus, denn der Zustand des Willens ist der bestimmende und entscheidende Faktor bei der Konzentration.

* *

Sowohl der hl. Johannes vom Kreuz als auch die hl. Teresa von Ávila werden nicht müde zu wiederholen, daß die für das spirituelle Gebet notwendige Konzentration die Frucht der moralischen Läuterung des Willens ist.

Es ist also unnütz, sich Mühe zu geben, um sich zu konzentrieren, wenn der Wille von etwas anderem eingenommen ist. Die »Eigenregungen der Denksubstanz« werden niemals zur Ruhe gebracht werden können, wenn der Wille ihr nicht seine eigene Ruhe mitteilt. Der *schweigende Wille* ist es, welcher das Schweigen des Denkens und Vorstellens in der Konzentration bewirkt. Darum sind die großen Asketen auch die großen Meister der Konzentration.

*

Das alles ist einleuchtend und selbstverständlich. Was uns indessen hier beschäftigt, ist nicht allein die Konzentration im allgemeinen, sondern vor allem und im besonderen die »Konzentration ohne Anstrengung«. Worin besteht sie?

Betrachten Sie den Seiltänzer. Er ist augenscheinlich völlig konzentriert, denn wenn er es nicht wäre, würde er zur Erde fallen. Sein Leben steht auf dem Spiel, und nur die vollkommene Konzentration kann es bewahren.

Glauben Sie indessen, daß sein Denken und Vorstellen mit dem beschäftigt sind, was er tut? Glauben Sie, daß er *überlegt* und daß er *berechnet,* daß er *sich vorstellt* und daß er *plant* bei jedem Schritt, den er auf dem Seil tut? – Er würde sofort herunterfallen! Er muß alle Tätigkeit des Intellekts und der Vorstellungskraft ausschalten, um den Sturz zu verhüten. Er muß die »Eigenregungen der Denksubstanz« unterdrückt haben, um seinen Beruf ausüben zu können. Die Intelligenz seines rhythmischen Systems – Atmung und Kreislauf – ersetzt während seiner akrobatischen Übungen diejenige des Gehirns.

* *

Nun ist auch die Konzentration ohne Anstrengung die Verlegung des leitenden Zentrums des Gehirns in das rhythmische System – von dem Bereich des Mentalen und der Vorstellung in denjenigen der Moralität und des Willens.

* *

Die »Konzentration *ohne Anstrengung*«, d.h., wo es nichts zu unterdrücken gibt und die Sammlung ebenso natürlich wird wie die Atmung und das Schlagen des Herzens, ist der Zustand des Bewußtseins – des Denkens, der Vorstellung, des Gefühls und des Willens – in vollkommener Ruhe, begleitet von völliger Entspannung der Nerven und der Muskeln des Körpers. Sie ist das *tiefe Schweigen* der Wünsche, der Sorgen, der Vorstellungen, der Erinnerung und des diskursiven Denkens.

*

Man könnte sagen, daß der ganze Mensch wie die Oberfläche ruhiger Wasser geworden ist, welche die Gegenwart des unermeßlichen Sternenhimmels und seine unaussprechliche Harmonie spiegelt. Und die Wasser sind tief, *wie tief* sie sind! Und das Schweigen wächst, wächst immer mehr, welch ein *Schweigen!* Sein Anwachsen geschieht in regelmäßigen Wellen, welche eine nach der anderen Ihr ganzes Wesen durchströmen: eine Welle des Schweigens, gefolgt von einer anderen, tieferen Welle des Schweigens, dann eine noch tiefere Welle des Schweigens ---

*

Haben Sie schon einmal das *Schweigen getrunken?* Wenn ja, wissen Sie, was »Konzentration ohne Anstrengung« ist. Im Anfang sind es Augenblicke, dann Minuten, dann Viertelstunden, die das völlige Schweigen oder die »Konzentration ohne Anstrengung« währt. Im Laufe der Zeit wird das Schweigen oder die »Konzentration ohne Anstrengung« zum *immer gegenwärtigen* Grundelement im Leben der Seele. Es ist wie der ununterbrochene Gottesdienst in der Kirche Sacré-Cœur von Montmartre, währenddessen man in Paris arbeitet, Handel treibt, sich vergnügt, schläft, stirbt --- So ist es, als ob ein ununterbrochener Dienst des Schweigens sich in der Seele vollzieht und sich fortsetzt, selbst wenn man tätig ist, wenn man arbeitet, und wenn man sich unterhält.

*

Wenn diese »Zone des Schweigens« sich einmal hergestellt hat, können Sie daraus schöpfen sowohl für die Ruhe wie für die Arbeit. Sie besitzen dann nicht nur die »Konzentration ohne Anstrengung«, sondern auch die *Tätigkeit ohne Anstrengung,* und das ist genau das, was der zweite Teil unserer Formel sagen will:

»Wandelt die Arbeit um in Spiel.«

Die Veränderung der Arbeit, die von einer Fron zum *Spiel* wird, vollzieht sich infolge der Anwesenheit der »Zone des Schweigens«, aus welcher man durch eine Art intimer verborgener Atmung jene

Lieblichkeit und Frische schöpft, die der Arbeit eine Weihe gibt und sie in ein Spiel umwandelt. Denn die »Zone des Schweigens« bedeutet nicht allein, daß die Seele sich im Innersten in einem Zustand des Wohlbehagens befindet, sondern auch und vor allem, daß sie im Kontakt mit dem Himmel, d.h. der geistigen Welt, ist, die *mit ihr zusammenarbeitet.* Derjenige, der das Schweigen in der Einsamkeit der »Konzentration ohne Anstrengung« findet, *ist niemals allein.* Er trägt niemals allein die Lasten, die er zu tragen hat; die Kräfte des Himmels, die Kräfte von oben nehmen fortan daran teil.

* *

Alle praktische Esoterik ist auf folgende Regel gegründet:

Man muß in sich selbst *eins sein* (»Konzentration ohne Anstrengung«) und zugleich *einig sein* mit der geistigen Welt (die Zone des Schweigens in seiner Seele haben), damit eine offenbarende oder verwirklichende geistige Erfahrung stattfinden kann. Mit anderen Worten: wenn man irgendeine Form echter Esoterik praktizieren will, sei es Mystik, Gnosis oder Magie, muß man »Gaukler« sein – konzentriert ohne Anstrengung, mit einer Leichtigkeit wirkend, als ob man spiele, und handelnd mit vollkommener Ruhe.

DIE PÄPSTIN

Das Arcanum der Gnosis

Der Mystiker, der nur die Erfahrung der mystischen Zustände haben will, ohne sie zu verstehen, ohne daraus praktische Schlüsse für das Leben zu ziehen und ohne anderen nützlich sein zu wollen, der alles und alle vergißt, um die mystische Erfahrung zu genießen, kann einem geistigen Trunkenbold verglichen werden. –

* *

Nun bezieht sich die praktische Anweisung des zweiten Arcanums »Die Päpstin« auf die Entwicklung des »gnostischen Sinnes«.

Was ist der *gnostische Sinn«?*

Es ist der *kontemplative Sinn:* eine Kontemplation, der eine konzentrierte Meditation vorausgeht, welche im selben Augenblick beginnt, in dem das diskursive und logische Denken aussetzt. Das diskursive Denken ist zufriedengestellt, sobald es zu einer gutbegründeten *Schlußfolgerung* kommt. Nun ist dieser Schluß der *Ausgangspunkt* für die Kontemplation. Sie ergründet die *Tiefe* der Schlußfolgerung, zu welcher das diskursive Denken gelangt ist. Die Kontemplation entdeckt eine Welt im *Innern* dessen, was das diskursive Denken einfach als »wahr« feststellt.

*

Der »gnostische Sinn« beginnt zu arbeiten, sobald es sich um eine neue Dimension im Akt der Erkenntnis handelt, nämlich um die *Tiefe*. Er wird tätig, sobald es sich um etwas Tieferes handelt als um die Frage: Ist dies wahr oder falsch? Er durchdringt zudem die *Tragweite* der von dem diskursiven Denken enthüllten Wahrheit und auch, »warum diese Wahrheit in sich selbst wahr ist«, d.h., er dringt bis zur mystischen und wesentlichen Quelle dieser Wahrheit vor. Wie gelangt er dorthin? – Im schweigenden *Lauschen.* Es ist, als wolle man sich einer vergessenen Sache erinnern. Das Bewußtsein »horcht« schweigend, so wie man innerlich lauscht, um aus der Nacht des Vergessens eine Sache hervorzurufen, die man früher gekannt hat.

*

Doch es gibt einen wesentlichen Unterschied zwischen dem »lauschenden Schweigen« der Kontemplation und dem Schweigen, das aus der Anstrengung des Sicherinnerns hervorgeht. Bei diesem zweiten Umstand ist die *Horizontale* der Zeit – Vergangenheit und Gegenwart – entscheidend, während das »lauschende Schweigen« der Kontemplation sich auf die *Vertikale* bezieht – auf das, was oben und das, was unten ist. Wenn man sich erinnert, errichtet man in seinem Innern einen Spiegel, um darin die Vergangenheit widerzuspiegeln; wenn man »im Schweigen lauscht« im Zustande der Kontemplation, macht man aus seinem Bewußtsein ebenfalls einen Spiegel, aber dieser Spiegel hat die Aufgabe, das, was oben ist, widerzuspiegeln. Es ist der Akt des Sicherinnerns in der *Vertikalen.*

*

Es gibt tatsächlich zwei Arten von Er-innerung: die »horizontale Erinnerung«, die das Vergangene gegenwärtig macht, und die »vertikale Erinnerung«, die das, was oben ist, unten gegenwärtig macht.

DIE KAISERIN

Das Arcanum der Magie

Das dritte Arcanum »Die Kaiserin« ist das der geheiligten Magie. Nun gibt es drei Arten von Magie:

Die Magie, in welcher der Magier das Werkzeug der göttlichen Macht ist – das ist die geheiligte Magie.

Die Magie, in welcher der Magier selbst die Quelle der magischen Operation ist – das ist die persönliche Magie.

Die Magie endlich, in welcher der Magier das Werkzeug elementarer oder anderer Kräfte des Unbewußten ist – das ist die Hexerei.

Die Unterweisung des dritten Arcanums bezieht sich – in Anbetracht der Anordnung des Kartenbildes und seines Platzes zwischen dem zweiten und dem vierten Arcanum – auf die *geheiligte* oder *göttliche Magie*.

*

Alle Magie, einschließlich der Hexerei, besteht in der Anwendung der Regel, daß das Feine über das Dichte herrscht: die Kraft über die Materie, das Bewußtsein über die Kraft und das Überbewußte oder Göttliche über das Bewußtsein. Diese letztere Herrschaft symbolisiert die »Kaiserin«.

*

Ihre Krone, ihr Zepter und ihr Schild sind die drei Werkzeuge der Ausübung dieser Macht des Göttlichen über das Bewußtsein: der rechte Arm (vom Betrachter aus gesehen), welcher das Zepter hält, das in der goldenen, vom Kreuz überragten

Weltkugel endigt, stellt die Macht des Bewußtseins über die Kraft dar; der linke Arm, welcher den Schild mit dem Adler hält, bedeutet die Macht der Energie über die Masse oder des Beflügelten über das Schwere. Die Krone ist die göttliche *Ermächtigung* zur Magie. Nur die von oben gekrönte Magie ist nicht eigenmächtig. Die Krone verleiht ihr Legitimität.

* *

Man fragt sich heute genauso wie in der Vergangenheit, ob es moralisch gerechtfertigt ist, nach einer außergewöhnlichen Macht zu streben oder sie sogar anzuwenden, welche uns Gewalt verleiht über unseren Nächsten; man fragt sich, ob ein solches Trachten nicht letztlich dem Hochmut entspringt und ob es mit der Rolle vereinbar ist, die jeder aufrichtige, gläubige Christ der göttlichen Gnade vorbehält, sei es in ihrer unmittelbaren Wirkung, sei es in ihrer Vermittlung durch die heiligen Engel und die Heiligen Gottes. Es fragt sich schließlich, ob ein solches Bestreben nicht ungesund ist und wider die menschliche Natur, die Religion und die Metaphysik, weil es Grenzen gibt, wieweit man ungestraft in Richtung auf das Unsichtbare vordringen kann.

Für alle diese Zweifel und Einwände gibt es gute Gründe. Es kann sich hier also nicht darum handeln, sie zu widerlegen, sondern zu erfahren, ob es eine Form von Magie gibt, die von diesen Zweifeln und Einwänden nicht berührt wird; oder mit anderen Worten: ob es in moralischer, religiöser und medizinischer Hinsicht eine *legitime Magie* gibt.

* * *

Als Ausgangspunkt sollen uns folgende Worte aus dem Neuen Testament dienen:
»Es begab sich aber, daß Petrus überall umherzog und auch zu den Heiligen kam, die in Lydda wohnten. Dort traf er einen Mann, Äneas, der schon acht Jahre gelähmt zu Bett lag. Petrus sprach zu ihm: ›Äneas, Jesus Christus macht dich gesund. Steh auf und richte selbst dein Bett her!‹ Sofort erhob er sich« (Apg 9,32ff).

Hier liegt eine spirituelle Heilungshandlung vor, deren Berechtigung außer Zweifel steht: vom moralischen Standpunkt aus ist sie ein Akt reiner Barmherzigkeit; vom Standpunkt der Religion aus ist sie im Namen Jesu Christi gewirkt und nicht im Namen Petri; in medizinischer Hinsicht ist sie eine perfekte Heilung, unbeschadet der leiblichen und seelischen Gesundheit, auf welche sie beim Heilenden schließen läßt. Was die unbestreitbare Legitimität der Heilung des Äneas begründet, ist erstens der *Zweck* der Handlung des Petrus: dem Gelähmten, unbeweglich Gewordenen, die Beweglichkeit wiederzugeben; zweitens ist es das *Mittel,* durch welches die Heilung erreicht wurde: das menschliche Wort, gegründet auf das Wesen Jesu Christi; und drittens ist es die *Quelle* der Handlung: »Jesus Christus macht dich gesund!«

*

Das sind die drei Elemente der geheiligten Magie, die ihr Legitimität verleihen und in denen man leicht die drei Insignien der »Kaiserin« wiedererkennen kann: Krone, Zepter und Schild. Denn dem unbeweglich Gewordenen die Beweglichkeit zurückzugeben ist die befreiende Tat, welche durch den Adler auf dem Schild versinnbildlicht wird; die Heilung allein durch das Wort hervorzurufen bedeutet die Anwendung des vom Kreuz überragten Zepters; und sie im Namen Jesu Christi zu vollziehen heißt, die göttliche Krone auf dem Haupt zu tragen.

*

Aber, so könnte man einwenden, die Heilung des Äneas hat nichts mit Magie zu tun. Sie ist ein Wunder, d. h. eine Handlung Gottes, und der Mensch gilt dabei nichts.

Der Apostel Petrus hätte also damit nichts zu tun? – Wenn das wahr wäre, warum hat *er* sich dann zu Äneas begeben? Warum wurde der göttliche Heilungsakt nicht *direkt* vollzogen, ohne Vermittlung von Petrus?

*

Nein, Petrus hatte durchaus etwas damit zu tun. *Seine* Anwesenheit und *seine* Stimme waren notwendig, damit die Heilung stattfinden konnte. Warum? Dieses Problem verdient eine tiefe Meditation, denn es schließt das zentrale Mysterium der christlichen Religion, das der Inkarnation, mit ein. In der Tat, warum mußte der *Logos,* der Sohn des Vaters, sich inkarnieren, Gott-Mensch werden, um das höchste Werk der göttlichen Magie zu vollbringen, das Werk der Erlösung?

* *

Da das Werk der Erlösung das der Liebe ist, erfordert es die vollkommene Vereinigung in der Liebe von *zwei* unterschiedlichen und freien *Willen,* dem göttlichen und dem menschlichen Willen. Das Mysterium des Gott-Menschen ist der Schlüssel zur göttlichen Magie: da es die Grundbedingung für die Erlösung war, ist diese ein Werk der göttlichen Magie, welches nur vergleichbar ist mit der Erschaffung der Welt.

*

Wunder erfordern also *zwei* vereinigte Willen! Sie sind keine Manifestationen der *befehlenden* Allmacht, sondern sie werden einer neuen Kraft verdankt, die jedesmal *geboren* wird, wenn eine Einheit zwischen dem göttlichen und dem menschlichen Willen besteht.

Petrus hat also durchaus etwas zu tun mit der Heilung des Äneas in Lydda. Der göttliche Wille hatte seinen Willen nötig zur Erzeugung der Kraft, welche den gelähmten Äneas sein Bett verlassen ließ. Eine solche gleichzeitige und übereinstimmende Handlung des göttlichen Willens mit dem menschlichen Willen ist genau das, was wir unter »geheiligter« oder »göttlicher Magie« verstehen.

* * *

Muß man von Magie sprechen, wenn es sich um ein Wunder handelt? – Ja, denn es gibt einen Magier, und die Teilnahme seines Willens ist wesentlich für das Zustandekommen des Wunders. Petrus hat sich zu Äneas begeben, und er hat die Worte ausgesprochen, welche die Heilung bewirkt haben. Die Teilnahme Petri ist nicht zu bestreiten; es gab also einen *menschlichen* Magier. Daher ist der Gebrauch des Wortes »Magie« berechtigt, wenn man unter »Magie« die Macht des Unsichtbaren und Spirituellen über das Sichtbare und Materielle versteht.

*

Es war aber keine »persönliche Magie«, sondern »göttliche Magie«, auf die die Heilung des Äneas zurückging. Denn Petrus hätte nichts vermocht, wenn sein Wille nicht mit dem göttlichen Willen vereint gewesen wäre. Er war sich dessen völlig bewußt, und darum sagte er zu Äneas: »Jesus Christus macht dich gesund.« Was bedeutet: »Jesus Christus will dich gesund machen. Jesus Christus hat mich zu dir geschickt, damit ich tue, was er mir gesagt hat. Was mich betrifft, so bin ich doppelt glücklich, gleichzeitig meinem Meister dienen zu können und dich gesund zu machen, mein lieber Bruder Äneas.«

*

Das ist der Sinn der *zweistufigen Krone,* welche die Kaiserin trägt. Sie bedeutet das doppelte Glück, dienen zu können dem, was oben ist, und dem, was unten ist. Denn die Krone repräsentiert ganz wie die Tiara die Macht des Dienens. Der erwiesene Dienst an dem, was oben ist, und der erwiesene Dienst an dem, was unten ist, verleihen der geheiligten Magie ihre Legitimität. Der Magier spielt in der geheiligten Magie die Rolle des *letzten Kettengliedes* der magischen Kette, die von oben herabsteigt, das heißt, er dient auf Erden als Kontaktstelle und Knotenpunkt für die oben geplante, gewollte und in die Tat gerufene magische Operation. Tatsächlich trägt man, wenn man dieses letzte Kettenglied ist, die *Krone* der Berechtigung zur Magie. Wiederholen wir es: jede nicht auf diese Art gekrönte Magie ist unrechtmäßig.

*

Ist folglich die Ausübung der geheiligten Magie allein der Priesterschaft vorbehalten? – Darauf antworte ich mit einer Gegenfrage: Ist die Liebe zu Gott und zum Nächsten nur der Priesterschaft vorbehalten? – Die geheiligte Magie ist die Macht der Liebe, geboren aus der Vereinigung des göttlichen Willens mit dem menschlichen Willen in der Liebe. Nun war Philipp von Lyon kein Priester und noch nicht einmal Arzt; aber er heilte Kranke durch geistige Macht, von welcher er sagte, daß sie nicht die seine sei, sondern die des »Freundes von oben«.

Die Priesterschaft weist zahlreiche Wundertäter auf, wie den hl. Gregorius, den hl. Nikolaus und den hl. Patrick, was genügt, um uns zu überzeugen, daß die geheiligte Magie in der Priesterschaft ganz zu Hause ist. Wie könnte es auch anders sein, da das Spenden der heiligen Sakramente, dieser *Operationen der universalen* geheiligten Magie, die Hauptaufgabe der Geistlichkeit bildet und da die »oben beschlossenen« und bestimmten *individuellen* Operationen vor allem denen anvertraut sind, die im Umgang mit den universalen heiligen Sakramenten leben? – Ist es nicht nur natürlich, daß derjenige, der jeden Tag teilhat am Mysterium der Transsubstantiation [»Wandlung des Wesens« von Brot und Wein bei der Eucharistie], an erster Stelle zur geheiligten Magie berufen ist? – Leben und Werk des hl. Pfarrers von Ars lassen daran keinen Zweifel. Sein Leben und sein Werk zeigen uns die Erhabenheit und den Glanz der individuellen geheiligten Magie, wie sie sich – *neben* dem Spenden der universalen heiligen Sakramente – im Leben und Werk eines einfachen Landpfarrers offenbaren *können!* Auf der anderen Seite zeigen uns aber Leben und Werk des Philipp von Lyon die Erhabenheit und den Glanz der individuellen geheiligten Magie, wie sie sich – *ohne* die heiligen Sakramente – im Leben und Werk eines *Laien,* der auf dem Lande geboren und aufgewachsen ist, offenbaren können!

DER KAISER

Das Arcanum der Freiheit

Ein Mensch hat soviel Autorität, wie er Tiefe besitzt, wie er weiß und wie er kann. Etwas *sein,* etwas *wissen* und etwas *können* verleiht einem Menschen Autorität. …

Autorität allein ist die wahre und einzige Macht des Gesetzes. Zwang ist nur ein Notbehelf, zu dem man Zuflucht nimmt, um dem Mangel an Autorität abzuhelfen.

* *

»Der Kaiser« des vierten Arcanums des Tarot hat kein Schwert oder irgendwelche anderen Waffen. Er regiert durch das Zepter, und durch das Zepter allein. Darum ist der erste Gedanke, den das Kartenbild natürlicherweise wachruft, der an die dem *Gesetz* zugrunde liegende *Autorität.*

* * *

Gott regiert die Welt durch Autorität und nicht durch Gewalt. Wenn es nicht so wäre, gäbe es weder Freiheit noch Gesetz in der Welt, und die drei ersten Bitten des Vaterunsers: »Geheiligt werde dein Name. Dein Reich komme. Dein Wille geschehe wie im Himmel so auf Erden« hätten keinen Sinn. Wer diese Bitten ausspricht, tut es einzig mit dem Ziel, die göttliche *Autorität,* nicht aber die göttliche Macht zu bestätigen und zu vermehren. Ein Gott, der allmächtig ist, und zwar aktuell, nicht (nur) potentiell, hat gar nicht nötig, darum gebeten zu werden, daß sein Reich komme und sein Wille geschehe. [Korrektur der Übersetzung]. Der Sinn dieser Bitte ist, daß Gott nur insoweit Macht hat, wie seine Autorität frei anerkannt und angenommen wird. Das Gebet ist die Tat einer solchen Anerkennung und Annahme. Man ist frei, gläubig oder ungläubig zu sein. Nichts und niemand kann uns zum Glauben zwingen – keine wissenschaftliche Entdeckung, kein logisches Argument, keine physische Marter können uns zum Glauben zwingen, d.h. dazu, frei die Autorität anzuerkennen und anzunehmen. Andererseits aber, wenn diese Autorität einmal anerkannt und angenommen ist, wird der Machtlose mächtig. Die göttliche Macht *kann* sich dann offenbaren – und darum heißt es, daß ein Körnchen Glaube genügt, um Berge zu versetzen.

* *

Die christliche Welt verehrt das Kruzifix, d.h. das Bild, welches das Paradox des allmächtigen Gottes ausdrückt, der der äußersten Machtlosigkeit ausgesetzt ist. Genau in diesem Paradox sieht man die höchste Offenbarung des Göttlichen in der ganzen

Geschichte der Menschheit. Man sieht darin die vollkommene Offenbarung Gottes, der Liebe ist. »Crucifixus etiam *pro nobis* sub Pontio Pilato, passus et sepultus est – Er wurde *für uns* gekreuzigt unter Pontius Pilatus, hat gelitten und ist begraben worden.«

So sagt das christliche Glaubensbekenntnis. Der einige Sohn des ewigen Vaters, für uns ans Kreuz geschlagen – das ist, was jede empfängliche Seele zutiefst rührt, einschließlich der des gekreuzigten Räubers zu seiner Rechten. Der Eindruck dieser Rührung ist unvergeßlich und unaussprechlich. Er ist der unmittelbare Hauch des Göttlichen, der Tausende von Märtyrern, Bekennern, Jungfrauen und Eremiten begeistert hat und noch immer begeistert.

* *

Nun gibt es öffentliche und geheime Anbeter des Götzen der Macht – denn sie ist ein Götze und die Quelle aller Götzenanbetung – auch im christlichen Lager und im religiösen und spiritualistischen Lager ganz allgemein. Ich spreche nicht etwa von christlichen oder spiritualistischen Fürsten und Politikern, die machtlüstern waren, sondern ich spreche von den Anhängern der Lehren, die den Primat der Macht behaupten. Es gibt davon zwei Arten: solche, die das Ideal des »Übermenschen« anstreben, und solche, die an einen in jedem Augenblick allmächtigen, also für alles, was geschieht, verantwortlichen Gott glauben.

* *

Die Anbetung des Götzen der Macht, aufgefaßt als »Übermensch«, ist vor allem, wenn man sich mit ihm identifiziert, verhältnismäßig harmlos, da sie im Grunde kindisch ist. Dem ist aber nicht so bei der anderen Kategorie der Anbeter der Macht, nämlich bei denen, die dieses Ideal auf Gott selbst übertragen. Ihr Glaube hängt einzig und allein an der *Macht* Gottes; wenn Gott machtlos wäre, glaubten sie nicht an ihn.

* *

Der Götze der Macht hat einen solchen Einfluß auf das menschliche Bewußtsein, daß dieses einen Gott, der eine Mischung von Gut und Böse ist, wenn er nur mächtig ist, dem Gott der Liebe vorzieht, der nur durch die innere Autorität des Göttlichen herrscht, d. h. durch Wahrheit, Schönheit und Güte. Anders gesagt, man zieht den seine Allmacht tatsächlich ausübenden »allmächtigen« Gott dem *gekreuzigten* Gott vor.

Indessen hat der Vater im Gleichnis vom Verlorenen Sohn weder seinen Sohn vom väterlichen Hause fortgeschickt, damit er ein Leben in der Ausschweifung führe, noch hat er ihn gehindert, das Haus zu verlassen, und ihn gezwungen, ein Leben zu führen, das ihm wohlgefällig gewesen wäre. Er tat nichts, als daß er seine Rückkehr *erwartete* und ihm entgegenging, als der verlorene Sohn sich dem väterlichen Hause näherte. Alles, was sich in der Geschichte des Verlorenen Sohnes begibt außer seiner Rückkehr zum Vater, war genau das *Gegenteil* von dem, was der Vater wollte.

Nun ist die Geschichte des Menschengeschlechtes diejenige des verlorenen Sohnes.

* *

Gott ist im Hinblick auf die freien Wesen entweder der herrschende König (im Sinne der Autorität, wie sie das vierte Arcanum des Tarot lehrt) oder der Gekreuzigte. Er ist König für alle diejenigen seiner Wesen, die aus freiem Willen seine Autorität annehmen (die »glauben«); er ist Gekreuzigter im Hinblick auf diejenigen, die ihre Freiheit mißbrauchen und »Götzen anbeten«, d.h. seine göttliche Autorität durch ein Surrogat ersetzen.

König und Gekreuzigter zugleich – das ist das Mysterium der Inschrift des Pilatus über dem Kreuz auf dem Kalvarienberg:
»Iesus Nazarenus, Rex Iudaeorum – Jesus der Nazoräer, der König der Juden« (Jo 19,19).

Allmächtig und machtlos zugleich – darum konnten sich die Wunder der Heilung in der menschlichen Geschichte durch die Heiligen vollziehen, während blutige Kriege und Katastrophen um sie herum wüteten!

*

Die Freiheit ist der wahrhaftige Thron Gottes und zugleich sein Kreuz. Die Freiheit ist der Schlüssel zum Verständnis der Rolle Gottes in der Geschichte – zum Verständnis des Gottes der Liebe und des Gott-Königs, ohne den Frevel, einen Tyrannen aus ihm zu machen, und ohne die Gotteslästerung des Zweifels an seiner Macht oder sogar an seiner Existenz --- Gott ist allmächtig in der Geschichte, soweit es Glauben gibt, und er ist gekreuzigt, soweit man sich von ihm abwendet --- da es sich nun einmal um eine Welt handelt, die von der göttlichen Autorität regiert wird und nicht durch Zwang.

DER PAPST

Das Arcanum der Transzendenz

Das Kartenbild »Der Papst« vergegenwärtigt uns den Akt des Segnens.

Was ist Segnung? Welches ist ihr Ursprung und ihre Wirkung? Wer besitzt die Autorität zum Segnen? Welche Rolle spielt sie im geistigen Leben der Menschheit?

Nun, die Segnung ist mehr, als daß man dem anderen einfach etwas Gutes wünscht: sie ist auch mehr, als daß ihm auf magischem Wege der Stempel eines persönlichen Denkens und Wollens aufgedrückt wird; sie ist die Betätigung der göttlichen Macht, die das individuelle Denken und Wollen übersteigt – sowohl beim Segnenden als auch beim Gesegneten. Mit anderen Worten: sie ist eine im höchsten Grade *priesterliche* Handlung.

*

Die Kabbala [»Überlieferung« der jüdischen Mystik] vergleicht die Rolle des Gebets und der Segnung mit einer doppelten, aufsteigenden und absteigenden Bewegung, ähnlich dem Blutkreislauf. Die Gebete der Menschheit steigen zu Gott empor, und nachdem sie dort göttlich »oxydiert« worden sind, wandeln sie sich um in Segnungen, die von oben nach unten herabsteigen. Darum hat einer der beiden »Meßdiener« auf der Karte seine linke Hand erhoben und der andere seine rechte Hand gesenkt. Die beiden blauen Säulen hinter dem »Papst« symbolisieren in erster Linie diesen doppelten aufsteigenden und niedersteigenden Strom der Gebete und Segnungen …

Das »blaue« venöse Blut steigt herauf, und das »rote« arterielle, mit Sauerstoff durchsetzte steigt herab. Das »rote« Blut trägt die belebende Segnung des Sauerstoffs; das »blaue« Blut befreit den Organismus von der Strenge der Kohlensäure. Genauso ist es im geistigen Leben. Geistige Erstickung droht dem, der nicht in *irgendeiner Form* das Gebet praktiziert; wer es hingegen übt, empfängt in irgendeiner Form die belebende Segnung. Die beiden »Säulen« haben also eine im höchsten Maße *praktische* Bedeutung, d.h., sie sind in spiritueller Hinsicht von gleicher praktischer Wichtigkeit, wie es die Atmung für das Leben des Organismus ist.

*

Nun bezieht sich die erste praktische Unterweisung des fünften Arcanums – denn die großen Arcana des Tarot sind geistige *Exerzitien* – auf die *geistige Atmung.*

Es gibt zwei Arten von Atmung: die horizontale Atmung, die zwischen »draußen« und »drinnen« stattfindet, und die vertikale Atmung, die sich zwischen »oben« und »unten« vollzieht. Der »Stachel des Todes« oder die Grundkrisis der Agonie in der Todesstunde ist der plötzliche Übergang von der horizontalen in die vertikale Atmung. Wer jedoch bei Lebzeiten die vertikale Atmung gelernt hat, ist von diesem »Stachel des Todes« frei. Bei ihm hat der Übergang von einer Weise der Atmung in die andere nicht die Art eines rechten Winkels, sondern vielmehr die eines Kreisausschnittes: der Übergang geschieht nicht plötzlich, sondern graduell und in Form einer Kurve anstelle einer geknickten Linie.

* * *

Nun ist das Wesen der vertikalen Atmung das Abwechseln von Gebet und Segnung oder Gnade. Diese beiden Elemente der vertikalen Atmung bekunden sich in allen Bereichen des inneren Lebens – in der Vernunft, dem Herzen und dem Wollen.

*

So ist eine zum Bereich der Vernunft gehörende Fragestellung, welche nicht der Neugierde oder dem intellektuellen Sammeltrieb entspringt, sondern dem Durst nach Wahrheit, im Grunde genommen ein Gebet, und die Erleuchtung, die dann eintreten kann, ist die Segnung oder die entsprechende Gnade.

*

Wirkliches Leiden ist ebenfalls im Grunde immer ein Gebet, und Trost, Frieden und Freude, die ihm folgen können, sind die ihm entsprechenden Auswirkungen der Segnung oder Gnade.

*

Die wirkliche Anstrengung des Willens, d. h. die hundertprozentige Bemühung, die wahre *Arbeit,* ist auch ein Gebet. Wenn es sich um eine intellektuelle Arbeit handelt, so lautet das Gebet: »Dein Name werde geheiligt.« Handelt es sich um eine schöpferische Anstrengung, so lautet das Gebet: »Dein Reich komme.« Ist es eine Arbeit zur Befriedigung der materiellen Lebensbedürfnisse, so lautet das Gebet: »Unser tägliches Brot gib uns heute.« Und alle diese Formen des Gebets in der Sprache der Arbeit haben ihre entsprechenden Segnungen oder Gnaden.

*

Das Gesetz der Entsprechung zwischen der Säule des Gebets (oder der Fragen, Leiden und Bemühungen) und jener der Segnung (der Erleuchtung, des Trosts, der Früchte) findet sich in den Seligpreisungen [Mt 5,3–9] der Bergpredigt des Meisters ausgedrückt. Die neun Seligpreisungen (denn es sind neun und nicht acht) können daher als Formel des *vertikalen Atmens* verstanden werden. Diese Atmung lehrt sie uns.

Die Atmung ist der Zustand der Seele, den der Apostel Paulus als »Freiheit in Gott« bezeichnet. Dies ist eine neue Art zu atmen. Man atmet frei den göttlichen Hauch, welcher die Freiheit ist.
»Der Herr ist der Geist: wo aber der Geist des Herrn ist, da ist Freiheit« (2 Kor 3,17).

* * *

Kehren wir nun zum Amt des »Papstes« zurück, und damit zum fünften Arcanum des Tarot. Dieses Amt bezieht sich, wie wir gesehen haben, auf die geistige Atmung. Darum repräsentiert der Papst eine andere Ordnung der Wahrheit und ein anderes Wahrheitskriterium als die naturwissenschaftliche Wahrheit und ihr Kriterium. »Wahr« ist für ihn, was die *harmonische Atmung* gestattet; »falsch« ist, was die Harmonie der geistigen Atmung in Unordnung bringt.

*

So ist das heliozentrische System der modernen astronomischen Wissenschaft »wahr« unter dem Gesichtspunkt der Wissenschaft der Phänomene; aber es ist zugleich grund»falsch« unter dem Gesichtspunkt der geistigen Atmung. Das von Christus auf die Erde vergossene Blut ist derart kostbar, daß es der Erde die zentrale Stellung im Raume der numenalen [letzt-wesentlichen] Werte gegeben hat. Der *geozentrische* Kosmos ist also *wahr* unter dem Gesichtspunkt der Atmung, d.h. unter dem Aspekt des Lebens von Gebet und Segnung. Und der *heliozentrische* Kosmos, obwohl ihn alle Tatsachen der Welt der Erscheinungen stützen, ist *falsch*, weil er verkennt, was wirklich zentral ist – die Inkarnation des WORTES – und es durch ein Zentrum ersetzt, das mehr an der Peripherie des zentralen Wertes liegt. Es ist nur ein Zentrum des phänomenalen [äußerlich erscheinenden] Raumes, und man begeht die Sünde des Götzendienstes, wenn man ihm die zentrale Rolle zuschreibt, welche der Erde gehört, die geheiligt, also zentral geworden ist durch die Inkarnation des WORTES.

* *

Es gibt also zwei Wahrheiten: eine ist aktuell oder zeitlich, die andere ist ideal oder ewig. Die erste gründet sich auf die *Logik der Tatsachen*, die andere auf die *moralische Logik*. ...

Da haben wir das ganze Problem der »doppelten Wahrheit« – und zugleich auch (in Ps. 85) die ergreifende Prophezeiung, daß beide Wahrheiten, die faktische und die moralische, sich einmal begegnen und ihre Offenbarungen im Menschen – Gerechtigkeit (tsedek) und Frieden (schalom) – sich umarmen werden. Aber sie gehen nur langsam aufeinander zu, und beim gegebenen Stand der Dinge widersprechen sie sich noch oft, wenigstens dem Anschein nach.

* *

Nun ist der »Papst«, da er der Hüter der *geistigen* Atmung ist ... der Repräsentant der moralischen Logik.

Segnung und Gebet sind die beiden Säulen, zwischen denen er sitzt. Für ihn ist nur das wahr, *was dem Ideal entspricht*. Aus diesem Grunde ist für ihn die Ehe unauflöslich, auch wenn es Tausende von Ehekatastrophen gibt. ...

So befindet sich der »Papst« immer inmitten eines Konfliktes zwischen idealer und aktueller Wahrheit, zwischen Barmherzigkeit (ḥesed) und Wahrheit (emeth). Und dieser Konflikt ist eine *Wunde* ...

Die Wunde wird geistig verursacht durch den Konflikt zwischen Barmherzigkeit und Wahrheit, zwischen der idealen und der tatsächlichen Wahrheit, die sich nicht vereinigt haben – – –

* * *

Das Gelübde des *Gehorsams* ist die Übung des Schweigens der persönlichen Wünsche, Emotionen und Vorstellungen gegenüber Gewissen und Vernunft ... Wahrer Gehorsam ist das Gegenteil von Tyrannei und Versklavung, da seine Wurzel Liebe ist, von der Glaube und Vertrauen ausgehen. Was oben ist, dient dem, was unten ist, und was unten ist, gehorcht dem, was oben ist. Gehorsam ist die praktische Schlußfolgerung aus der Tatsache, daß man die Existenz von etwas einem selbst Übergeordneten anerkennt. Wer Gott anerkennt, gehorcht.

Der Gehorsam, wie er in den katholischen religiösen Orden geübt wird, ist eine (übrigens sehr wirksame) Form der Willenserziehung mit dem Ziel, den Willen zur Größe anzunageln. Der Gehorsam, den der Chela dem Guru (der Schüler dem spirituellen Meister) in Indien und in Tibet schuldet, verfolgt im Prinzip das gleiche Ziel. Dies gilt auch für den absoluten Gehorsam, den die Chassidim ihren Tzadekin in den jüdischen chassidischen Gemeinschaften schulden; ebenso ist es mit dem vorbehaltlosen Gehorsam seitens der Schüler der Starezen (der spirituellen Meister) im orthodoxen, vorbolschewistischen Rußland.

Die universale Formel des Gehorsams lautet: »*Fiat voluntas tua* – dein Wille geschehe.«

*

Das Gelübde der *Armut* ist die Übung der inneren Leere, die sich als Folge des Schweigens der persönlichen Wünsche, Emotionen und Vorstellungen einstellt, damit die Seele fähig wird, die Offenbarung des Wortes, des Lebens und des Lichts von oben zu empfangen. Armut ist ständiges aktives Wachen und Erwarten angesichts der ewigen Quellen des Schöpferischen; es ist die Seele, die für das Neue und Unerwartete bereit ist; es ist die Fähigkeit, immer und überall zu lernen; es ist die unbedingte Voraussetzung, die »conditio sine qua non«, aller Erleuchtung, aller Offenbarung und aller Einweihung.

* *

Das Gelübde der *Keuschheit* bedeutet die Ausführung des Entschlusses, nach dem Sonnengesetz zu leben, ohne Begierde und ohne Gleichgültigkeit. Denn Tugend ist langweilig und Laster abstoßend. Weder langweilig noch abstoßend ist aber, was vom Grunde des Herzens kommt. Der Grund des Herzens ist *Liebe*. Das Herz lebt nur, wenn es liebt. Es gleicht dann der Sonne. Keuschheit ist der Zustand des menschlichen Wesens, bei dem das sonnenhaft gewordene Herz das Zentrum der Schwerkraft ist.

Mit anderen Worten, Keuschheit ist der Zustand des menschlichen Wesens, wo das Zentrum erwacht ist, das in der westlichen Esoterik *»der zwölfblättrige Lotos«* genannt wird* und zur Sonne des mikrokosmischen »Planetensystems« geworden ist. Die drei unterhalb von ihm gelegenen Lotosblumen, die *zehnblättrige, sechsblättrige* und *vierblättrige,* beginnen dann im Einklang mit dem Leben des Herzens (der zwölfblättrigen Lotosblume) zu arbeiten, d.h. »nach dem Sonnengesetz«. Wenn sie es tun, ist die Persönlichkeit keusch.

* *

Die Übung der Keuschheit bindet die Jagdleidenschaft im menschlichen Wesen, dessen männliche Seite dazu neigt, das Wild zu verfolgen, und dessen weibliche Seite sucht, ihm Fallen zu stellen. Die Übung der Armut bindet die Anlage zum *Diebe* im menschlichen Wesen, dessen männliche Seite geneigt ist zu ergreifen, und dessen weibliche Seite, unbegrenzt zu behalten, anstatt auf ein freimütiges Geschenk oder die verdiente Frucht der Arbeit zu warten. Die Übung des Gehorsams bindet den Willen nach Größe oder den Hang zum *Usurpator* in der menschlichen Natur, deren männliche Seite geneigt ist, sich selbst groß einzuschätzen, und deren weibliche Seite, sich von anderen so einschätzen zu lassen.

* Die Lotosblumen, in Indien chakras genannt, sind psycho-physiologische Zentren entlang dem Rückenmark, von denen übersinnliche Wahrnehmungen und Energien ausgehen, wenn sie erwachen.

DER VERLIEBTE

Das Arcanum der Keuschheit

Nach C. G. Jung kann man die Tatsache nicht mehr abstreiten, daß im Reiche der Psyche *nichts stirbt* und daß die ganze Vergangenheit *gegenwärtig lebt* in den verschiedenen Schichten des Tiefenbewußtseins – des »Unbewußten« oder des Unterbewußtseins – der Seele. Denn die paläontologischen und geologischen Schichten enthalten nur Abdrücke und Fossilien der jetzt toten Vergangenheit; die psychischen Schichten aber bilden im Gegensatz dazu ein lebendiges Zeugnis der gelebten Vergangenheit. Sie sind die Vergangenheit, welche fortfährt zu leben. Sie sind die Erinnerung – nicht die intellektuelle, sondern die psychisch *substantielle* – der gelebten Vergangenheit. Darum vergeht und verliert sich nichts im Reiche der Psyche – die eigentliche Geschichte, d.h. die *wirklichen* Freuden und Leiden, die *wirklichen* Religionen und Offenbarungen der Vergangenheit fahren fort, in uns zu leben, und in uns selbst findet sich der Schlüssel zur eigentlichen Geschichte der Menschheit.

*

Daher findet sich in uns auch die »paradiesische« Schicht oder die *Geschichte* vom Garten Eden und vom Sündenfall, welche im Buch Genesis von Moses berichtet wird. Zweifeln Sie an der *essentiellen* Wahrheit dieser Erzählung? – Steigen Sie in die Tiefen Ihrer eigenen Seele hinab, steigen sie hinab bis zu den *Wurzeln,* bis zum Ursprung des Gefühls, des Willens und der Intelligenz, und Sie *werden wissen*. Sie werden wissen, d. h., Sie werden die *Gewißheit* haben, daß die biblische Erzählung *wahr* ist im tiefsten und echtesten Sinne des Wortes – in dem Sinne, daß Sie sich selbst verleugnen, das Zeugnis der inneren *Struktur* Ihrer eigenen Seele verneinen müßten, um an der inneren Wahrheit der Erzählung des Moses zweifeln zu können. Der Abstieg in die Tiefen Ihrer eigenen Seele beim Meditieren der Paradiesesgeschichte in der Genesis wird Sie unfähig machen zu zweifeln. Solcherart ist die Natur der Gewißheit, die man daraus schöpfen kann, aber wohlgemerkt: es handelt sich dabei nicht um Gewißheit in bezug auf den Garten, seine Bäume, die Schlange, den Apfel oder eine andere verbotene Frucht, sondern vielmehr in bezug auf die grundlegenden psychischen und geistigen *Wirklichkeiten*, welche diese Bilder oder Symbole enthüllen. Nicht die symbolische *Sprache* des Berichts gibt die Gewißheit seiner Wahrheit, sondern was er zum Ausdruck bringt.

* * *

Die drei Gelübde sind ihrem Wesen nach Erinnerungen an das Paradies, wo der Mensch mit Gott vereinigt war (Gehorsam), wo er alles zugleich besaß (Armut) und wo seine Gefährtin zugleich seine Frau, seine Freundin, seine Schwester und seine Mutter war (Keuschheit).

*

Denn die wirkliche Gegenwart Gottes zieht notwendig nach sich, daß man sich anbetend niederwirft vor dem Angesicht dessen, »der mehr ich ist als ich selbst« – und dort liegen die Wurzel und der Ursprung für das Gelübde des Gehorsams.

*

Die Schau der Kräfte, Substanzen und Essenzen der Welt als Garten der göttlichen Symbole oder Garten Eden bedeutet den Besitz des Ganzen, ohne daß man eine besondere, vom Ganzen abgetrennte Sache erwählt, ergreift und sich aneignet – und dort liegen Wurzel und Quelle für das Gelübde der Armut.

*

Die völlige Vereinigung endlich zwischen dem Einzigen und der Einzigen, welche die ganze Stufenleiter möglicher Beziehungen von Geist, Seele und Leib zwischen zwei polaren Wesen umfaßt, bringt notwendigerweise die absolute uneingeschränkte Ganzheit des geistigen, seelischen und körperlichen Seins in der Liebe mit sich – und dort liegen Wurzel und Ursprung für das Gelübde der Keuschheit.

*

Man ist nur keusch, wenn man mit der Gesamtheit seines Wesens liebt. Keuschheit ist nicht Ganzheit des Seins in Gleichgültigkeit, sondern vielmehr in Liebe, die »stark ist wie der Tod und deren Pfeile Feuerpfeile sind, Flammen des Ewigen«. Sie ist *gelebte Einheit*. Sie ist *drei* – Geist, Seele und Leib –, die *eins* sind, und eine zweite *drei* – Geist, Seele und Leib –, die *eins* sind; und drei und drei ergibt *sechs,* und sechs ist *zwei,* und zwei ist *eins*. Das ist die Formel der Keuschheit in der Liebe. Es ist die Formel von *Adam-Eva,* und diese Formel ist das Prinzip der Keuschheit, der lebendigen Erinnerung an das Paradies.

* * *

Und die Barmherzigkeit, die Liebe zum Nächsten? Welcherart ist da die Beziehung zu der Liebe, deren Urbild in der Formel *Adam-Eva* gegeben ist?

Wir sind umgeben von unzähligen lebenden und bewußten Wesen, sichtbaren und unsichtbaren. Obwohl wir aber wissen, daß sie wirklich existieren und so lebendig sind wie wir selbst, scheint es uns trotzdem so, als ob sie *weniger wirklich existierten* und als ob sie *weniger lebendig* wären als wir selbst. Wir sind für uns lebendig nach dem Maß der Intensität der Wirklichkeit, während die anderen Wesen uns im Vergleich mit uns selbst weniger wirklich zu sein scheinen und ihr Dasein mehr die Natur eines Schattens hat als die völliger Wirklichkeit. Unser Denken will uns zwar einreden, daß das Einbildung ist, daß die Wesen außer uns genauso wirklich sind und genauso intensiv leben wie wir selbst, aber es hat gut reden – wir empfinden uns dennoch im Mittelpunkt und die anderen Wesen von diesem Mittelpunkt entfernt. Ob man diese Einbildung als »Egozentrik«, als »Egoismus«, als »Ahamkara« (Täuschung des Ich) oder als »Auswirkung des Sündenfalls« bezeichnet, spielt keine Rolle; sie hört deswegen nicht auf zu bewirken, daß wir uns selbst für wirklicher halten als die anderen.

Nun – etwas als wirklich im Sinn seiner vollen Realität empfinden heißt lieben. Es ist die Liebe, die uns aufwachen läßt für unsere eigene Wirklichkeit, für die Wirklichkeit des anderen, für die Wirklichkeit der Welt und für die Wirklichkeit Gottes. Wir lieben also uns selbst, indem wir uns als wirklich empfinden. Und die anderen Wesen, die uns weniger »wirklich« zu sein scheinen, lieben wir nicht – oder doch nicht so sehr wie uns selbst.

*

Nun gibt es zwei Wege, zwei sehr verschiedene Methoden, die uns von der Illusion »Ich lebendig – Du schattenhaft« befreien können, und wir haben die Wahl.

*

Der eine Weg besteht darin, die Liebe zu sich selbst *auszulöschen* und selbst ein »Schatten unter Schatten« zu werden. Das ist die Gleichheit der Gleichgültigkeit. Indien bietet uns diese Methode der Befreiung vom Ahamkara, der Täuschung des Ich. Diese Täuschung wird zerstört, wenn man die *Gleichgültigkeit, die man für die anderen hat, auf sich selbst ausdehnt*. Man reduziert sich dabei auf den Zustand eines Schattens gleich den anderen Schatten, die einen umgeben. Maya, die große Illusion, bedeutet zu glauben, die individuellen Wesen, ich und du, seien mehr als Schatten, als äußerer Schein ohne Wirklichkeit. Die zu realisierende Formel ist also: *»Ich Schatten – Du Schatten«*.

*

Der andere Weg oder die andere Methode ist, *die Liebe, welche man für sich selbst hat, auf die anderen auszudehnen,* damit man zur Verwirklichung der Formel gelangt: *»Ich lebendig – Du lebendig«*. Da handelt es sich darum, die anderen ebenso wirklich werden zu lassen wie sich selbst, d.h., sie zu lieben wie sich selbst. Um das erreichen zu können, muß man zuerst den *Nächsten* lieben wie sich selbst. Denn Liebe ist kein abstraktes Programm, sondern *Sub-*

stanz und *Intensität.* Sie muß sich als solche an einem individuellen Wesen entzünden, um dann in alle Richtungen ausstrahlen zu können. »Um Gold zu machen, muß man Gold haben«, sagen die Alchimisten. Das geistige Gegenstück zu dieser Maxime ist, daß man, um *alle* lieben zu können, zuerst *einen* geliebt haben muß. Dieser eine ist der Nächste.

* *

Da Eva ein Teil von ihm selbst war, liebte Adam sie wie sich selbst. Eva wurde also der »Nächste«, das nächste Wesen für Adam (»Bein von meinem Bein und Fleisch von meinem Fleisch« Gen 2,23).

Das ist der Ursprung der Liebe, und er gilt ebenso für die Liebe, die Mann und Frau vereint, wie für die Liebe zum Nächsten. Im Anfang war nur eine Liebe, und ihre Quelle war eine, wie ihr Prinzip eines war.

Alle Formen der Liebe – Barmherzigkeit, Freundschaft, Vaterliebe, Mutterliebe, Kindesliebe und Geschwisterliebe – stammen aus derselben einzigen, ursprünglichen Wurzel der Tatsache des Paares Adam-Eva. Denn damals sproß die Liebe – die Wirklichkeit des anderen – hervor und konnte sich dann verzweigen und verschiedenartig werden. Die Glut der Liebe des ersten Paares (und es ist gleichgültig, ob es nur ein einziges Paar gab oder deren Tausende – es handelt sich um die qualitative Tatsache des ersten Hervorsprießens der Liebe und nicht um die Quantität gleichzeitiger oder aufeinanderfolgender Fälle dieses Hervorsprießens) spiegelt sich in der Liebe der Eltern zu ihren Kindern, ihrerseits gespiegelt in der Liebe der Kinder zu ihren Eltern, weitergespiegelt in der Liebe der Kinder untereinander und schließlich gespiegelt in der Liebe der ganzen Familie der Menschheit und über die unmittelbare Verwandtschaft hinaus – durch Analogie – zu allem, was lebt und atmet – – –

*

Wenn die Liebe einmal geboren ist als Substanz und Intensität, strebt sie dahin, sich auszubreiten, indem sie sich verzweigt und verschiedenartig wird, je nach Art der menschlichen Beziehung, in welche sie eintritt. Es ist ein Strom in Kaskaden, der dahin tendiert, alles auszufüllen und zu überfluten. Darum werden die Kinder, wenn wirkliche Liebe zwischen den Eltern waltet, in Analogie die Eltern lieben und sich untereinander lieben. Sie werden – in Analogie – ebenso wie sie ihre Brüder und Schwestern lieben, durch psychologische »Adoption« ihre Freunde in der Schule und in der Nachbarschaft lieben; sie werden – immer in Analogie – ihre Meister, Erzieher, Priester usw. lieben mit dem Abglanz der Liebe, welche sie für ihre Eltern haben; und später einmal werden sie ihre Gatten und Gattinnen lieben, wie ihre Eltern vormals geliebt haben.

DER WAGEN

Das Arcanum der Genesung

Das Arcanum »Der Wagen« hat einen doppelten Aspekt, ebenso wie die vorhergehenden Arcana. Es stellt einerseits den dar, der die drei Versuchungen gemeistert hat und den Gelübden des Gehorsams, der Armut und der Keuschheit treu geblieben ist: und es vergegenwärtigt andererseits die Gefahr einer *vierten Versuchung,* welche die feinste und intimste der Versuchungen und deren unsichtbare Synthese ist: die geistige Versuchung des Siegers durch seinen Sieg. Es ist die Versuchung, »in seinem eigenen Namen zu handeln«, d.h. als Meister zu agieren anstatt als Diener.

Das siebente Arcanum ist also das der Meisterschaft sowohl im Sinne der Vollendung als auch im Sinne der Versuchung.

* *

Der in der Einsamkeit errungene Sieg – – – Welche Herrlichkeit und welche Gefahr enthält er zugleich! Er ist die einzige *wirkliche* Herrlichkeit, denn er hängt nicht von der Gunst oder von dem Urteil der Menschen ab; er ist *innerlicher Ruhm* – das wirkliche Ausstrahlen der leuchtend gewordenen Aura. Er ist jedoch gleichzeitig die realste und größte geistige Gefahr, die es gibt. »Hybris« und »Stolz«, jene traditionellen Namen, die man dieser Gefahr gibt, reichen nicht aus, um sie treffend zu bezeichnen. Sie ist mehr als das. Sie ist eher eine Art *mystischer Größenwahn,* wo man den bestimmenden Mittelpunkt seines eigenen Wesens, sein Ego, vergöttert, wo man nur in sich selbst Göttliches sieht und wo man blind wird für das Göttliche oberhalb und außerhalb seiner selbst. Man erfährt dann sein »höheres Selbst« als das höchste und einzige Selbst der Welt, obwohl es nur dem gewöhnlichen empirischen Ich *überlegen* und weit davon entfernt ist, das *Höchste* und Einzige zu sein – – – weit davon entfernt, Gott zu sein.

* *

Der spirituelle Größenwahn ist so alt wie die Welt. Sein Ursprung findet sich, gemäß der jahrtausendealten Tradition über den gefallenen Luzifer, oberhalb der irdischen Welt. Der Prophet Ezechiel gibt darüber die erschütterndste Beschreibung:

> »Du warst ein Muster der Vollendung,
> voll der Weisheit und vollendet schön.
> In Eden, dem Göttergarten, warst du,
> Edelsteine aller Art bedeckten dich , ...
> auf dem heiligen Gottesberge warst du,
> inmitten feuriger Steine gingst du einher ...
> Hochmütig war dein Sinnen geworden
> ob deiner Schönheit;
> du richtetest deine Weisheit zugrunde
> um deiner Schönheit willen.
> Um deiner vielen Schulden willen warf ich
> dich zur Erde hinab ...«
> *(Ez 28,12ff 17).*

*

Das ist der Ursprung der Inflation, des Überlegenheitskomplexes und des Größenwahns oben. Und da, »was unten ist, wie das ist, was oben ist«, wiederholt es sich unten im menschlichen irdischen Leben von Jahrhundert zu Jahrhundert, von Generation zu Generation.

Es wiederholt sich vor allem im Leben solcher Menschen, die sich losreißen vom gewöhnlichen, irdischen Milieu und vom Bewußtseinszustand, der zu diesem gehört, und die beides transzendieren, sei es im Sinne der Höhe, der Breite oder der Tiefe.

* *

In der Tat gibt es selten einen fortgeschrittenen Okkultisten, der nicht von diesem moralischen Übel ergriffen ist oder es einmal in der Vergangenheit durchgemacht hat. Die Tendenz zum Größenwahn zeigt sich des öfteren bei den Okkultisten. Das haben mich sowohl die Lektüre der okkultistischen Literatur als auch Jahrzehnte persönlicher Beziehungen gelehrt. Es gibt viele Abstufungen dieses moralischen Gebrechens. Es zeigt sich zunächst in einer angemaßten Sicherheit im Auftreten und in einer gewissen Lässigkeit, mit der man von höheren und heiligen Dingen spricht. Dann verrät es sich als »Besserwissen« und »Alleswissen«, d.h. in der Haltung des Meisters gegenüber jedermann. Endlich bekundet es sich als stillschweigende oder auch nicht stillschweigende Unfehlbarkeit.

* * *

Was kann man gegen diese Gefahr tun, um seine moralische Gesundheit zu bewahren?

Der alte Spruch: *»Ora et labora* – bete und arbeite« enthält die einzige Antwort, die ich habe finden können. *Anbetung* und *Arbeit* bilden das einzige Hilfsmittel, das ich kenne, das sowohl vorbeugend wie heilend wirkt gegen Anwandlungen von Größenwahn. Man muß anbeten, was über uns ist, und teilnehmen am allmenschlichen Bemühen im Bereich der objektiven Tatsachen, um die Illusionen in Schach zu halten über das, was man *ist* und was man *kann.*

*

Denn wer sein Gebet und seine Meditation auf das Niveau der reinen Anbetung erheben kann, wird sich immer des *Abstandes* bewußt sein, der den Anbetenden von dem Angebeteten trennt (und zugleich mit ihm vereint). Er kommt also nicht in Versuchung, sich selbst zu verehren, was in letzter Analyse die Wurzel des Größenwahns ist. Er wird immer den Unterschied zwischen sich und dem Angebeteten im Augen behalten. Er wird nicht, *was er ist,* verwechseln mit dem, *was das angebetete Wesen ist.*

Andererseits fällt derjenige, der *arbeitet,* d. h., der teilnimmt am allmenschlichen Bemühen, welches auf objektive und nachprüfbare Ergebnisse hinzielt, nicht leicht der Illusion anheim bezüglich dessen, *was er kann.*

* *

Jakob Böhme war Schuster und Erleuchteter. Er, der die Erfahrung der Erleuchtung gehabt hatte, schloß daraus keineswegs, daß er als Schuster hinfort mehr könne als seine Zunftgenossen oder mehr, als er vor seiner Erleuchtung gekonnt hatte. Andererseits hatte ihn seine Erleuchtung die Größe Gottes und der Welt gelehrt: »... dessen ich mich so hoch verwunderte, wußte nicht, wie mir geschah, und *darüber mein Herz ins Lob Gottes wendete ...«,* was ihn mit Anbetung erfüllte.

*

Die *handwerkliche Arbeit und die Anbetung Gottes* hatten also die moralische Gesundheit von Jakob Böhme geschützt, und ich erlaube mir hinzuzufügen, daß meine Erfahrung im Bereich der Esoterik mich gelehrt hat, daß das, was im Falle Jakob Böhmes heilsam war, auch ausnahmslos für alle diejenigen heilsam ist, die nach übersinnlichen Erfahrungen streben.

* * *

Anbetung und Arbeit – »Ora et labora« – bilden also die bedingungslose Voraussetzung, die »conditio sine qua non«, der praktischen Esoterik, um die Neigung zum Größenwahn in Schach zu halten. Wohlgemerkt: um sie in Schach zu halten! Denn um gegen diese moralische Krankheit immun zu werden, ist mehr vonnöten! Es bedarf der wirklichen Erfahrung einer konkreten Begegnung mit einem Wesen, welches höher ist als Sie.

* *

Nun wird derjenige, welcher die Erfahrung der konkreten Begegnung mit einem höheren Wesen gehabt hat (einem Gerechten, einem Heiligen, einem Engel oder anderen hierarchischen Wesen, der Heiligen Jungfrau, dem Meister ---), durch diese Tatsache selbst immunisiert gegen die Tendenz zum Größenwahn. Die Erfahrung, dem Großen von Angesicht zu Angesicht gegenübergestanden zu haben, bringt notwendig völlige Heilung und Immunität in bezug auf jede Tendenz zum Größenwahn mit sich. Niemals kann ein menschliches Wesen, welches *gesehen* und *gehört* hat, sich selbst zum Idol machen.

* *

Lesen Sie die Bibel, lieber Unbekannter Freund, und Sie werden eine große Anzahl anderer Beispiele für das folgende Gesetz finden: *Echte Erfahrung des Göttlichen macht demütig; wer nicht demütig ist, hat keine echte Erfahrung des Göttlichen gehabt.* Nehmen Sie die Apostel, die den Meister »gesehen und gehört« haben … Sie werden bei ihnen keinen Zug zur Tendenz der »Hybris« finden, den Sie wohl bei so manchem gnostischen Gelehrten finden werden, der *(folglich)* nicht »gesehen und gehört« hat.

* *

Denn Demut ist – ganz wie die Barmherzigkeit – keine natürliche Eigenschaft der menschlichen Natur. Ihr Ursprung kann nicht im Bereich der *natürlichen* Evolution gefunden werden, d.h., daß es nicht möglich ist, sie als Frucht des Kampfes ums Dasein, der natürlichen Auslese oder des Überlebens des Stärkeren auf Kosten des Schwächeren zu empfangen; denn die Schule des Kampfes ums Dasein erzeugt keine Demütigen; sie erzeugt nur Kämpfer, Krieger aller Art. Demut ist eine Eigenschaft, die man dem Wirken der *Gnade* zu verdanken hat, d.h., sie muß eine Gabe von oben sein.

* *

Da die Demut das Gesetz der geistigen Gesundheit ist, schließt sie das Bewußtsein von Unterschied und Abstand zwischen dem Zentrum des *menschlichen* Bewußtseins und dem Zentrum des göttlichen Bewußtseins mit ein. Es gibt eine »Haut« – oder einen Baldachin, wenn Sie so wollen – im Bewußtsein des Menschen, welche – ganz wie die Haut des menschlichen Körpers – das Menschliche vom Göttlichen trennt, indem sie diese gleichzeitig vereint. Diese »geistige Haut« behütet die geistige Gesundheit des Menschen, indem sie ihm nicht erlaubt, sich *ontologisch* mit Gott zu identifizieren oder zu sagen: »Ich bin Gott – aham brahmāsmi«, aber ihm gleichzeitig die *Beziehung der Atmung* gestattet, die Annäherungen und Entfernungen (die niemals Entfremdungen sind!), die zusammen das Leben der *Liebe* bilden. Das Leben der Liebe besteht aus Annäherungen und Entfernungen in dem immer gegenwärtigen Bewußtsein der *Nicht-Identität:* sie ist analog dem Prozeß der Atmung, der aus Einatmen und Ausatmen besteht. Findet sich dies nicht in unvergleichlicher Art in dem Auszug des 42. Psalmes ausgedrückt, der der 6. Satz der Messe ist: »Send mir dein Licht und deine Wahrheit, daß sie zu deinem heiligen Berg mich leiten und mich führen zu deinen Hütten«? ...

Deine Hütten – – – sind das nicht Zelte, Baldachine, Altarhimmel, unter denen das Menschliche sich in Liebe vereint mit dem Göttlichen, ohne sich mit ihm zu identifizieren noch von ihm absorbiert zu werden? Sind diese Hütten nicht aus der »Haut der Demut« gebildet, die einzige, die uns schützt vor der Gefahr, die Liebe durch ontologische Identifikation zu töten, d.h. Identifikation des menschlichen Wesens mit dem göttlichen Wesen (»diese Seele ist Gott – ayam ātmā brahma«; »das Bewußtsein ist Gott – pragnanam brahma«), ebenso wie vor der Gefahr des geistigen Größenwahns, der sich anmaßt, das Wesen Gottes anstatt sein Ebenbild zu sein.

DIE GERECHTIGKEIT

Das Arcanum des Gleichgewichts

Das Kartenbild des achten Arcanums zeigt eine zwischen zwei Säulen auf einem gelben Stuhl sitzende Frau in einer roten Tunika, die von einem blauen Mantel bedeckt ist. In ihren Händen hält sie ein gelbes Schwert und eine gelbe Waage. Ihr Haupt trägt eine dreiteilige, von einer Krone überragte Tiara.

Das Ganze ruft die Idee des Gesetzes hervor, das hineingestellt ist zwischen die freie Handlung des individuellen Willens und die Essenz des Seins selbst. Der Mensch kann aus freiem Willen handeln – das Gesetz *reagiert* auf seine Handlung mit sichtbaren und unsichtbaren Wirkungen. Hinter dieser Reaktion aber stehen Abgrund und Tiefe der letzten Wirklichkeit.

*

Das Gesetz ist zwischen die Freiheit des Menschen und die Freiheit Gottes gesetzt.

Es handelt nicht, es reagiert nur. Deshalb ist es durch eine Frau dargestellt und nicht durch einen Mann. Die Krone, die die Frau trägt, weist darauf hin, daß sie ihre Würde und Aufgabe von oben erhält, vom höchsten Wesen, von der Vorsehung. Die Waage und das Schwert, die sie in Händen hält, weisen hin auf das, was sie hütet (das Gleichgewicht) und wie sie es hütet (Sanktion des Gleichgewichts) im Bereich der freien individuellen Willen.

So spricht sie: »Ich sitze auf dem Richterstuhl, der zwischen den individuellen Willen der Wesen und dem universalen Willen des Seins steht. Ich bin die Hüterin des Gleichgewichtes zwischen dem Individuellen und dem Universalen. Ich habe die Macht, es jedesmal wiederherzustellen, wenn es verletzt ist. Ich bin die Ordnung, die Gesundheit, die Harmonie, die *Gerechtigkeit.«*

Die Waage weist auf das Gleichgewicht – oder die Ordnung, Gesundheit, Harmonie und Gerechtigkeit – hin, und das Schwert bedeutet die Macht, es jedesmal wiederherzustellen, wenn der individuelle Wille wider den universalen Willen sündigt.

* * *

Das ist der allgemeine Sinn des Kartenbildes, der gleich zu Anfang der Meditation über das achte Arcanum gleichsam ins Auge springt. Indessen ist der allgemeine Sinn – obwohl viele ihn als Ziel ihrer Erkenntnisanstrengungen betrachten – nur das Vorzimmer zum hermetischen Sinn. Denn dieser findet sich nicht in der *Allgemeinheit,* welche man durch den Prozeß der Abstraktion erhalten hat, sondern vielmehr in der Tiefe, die man durch die Methode des *Eindringens* erlangt. Die allgemeinen, auf dem Weg der Abstraktion erhaltenen Antworten sind in Wirklichkeit nur Fragen oder gestellte Aufgaben zum tieferen Eindringen. Denn je abstrakter eine allgemeine Idee ist, desto oberflächlicher ist sie. Die allgemeinste und abstrakteste Idee in der Philosophie ist die des *»Absoluten«* (z. B. bei Hegel); aber sie ist zugleich auch die oberflächlichste der Welt. Indem sie alles bedeutet, drückt sie nichts aus. Sie können wohl sterben – und ebenso leben – für Gott; aber Sie werden niemals als Märtyrer für das Absolute sterben. Denn sterben für das Absolute läuft darauf hinaus, für nichts zu sterben. Die Idee des Absoluten ist der Schatten der Schatten, während der lebendige Gott das Urbild der Urbilder ist. Urbild der Urbilder, das will sagen: der *allumfassende Vater*.

*

»Du sollst keine anderen Götter haben als mich« (Ex 20,3). Man darf nicht an die Stelle der geistigen *Wirklichkeit* Gottes die intellektuelle *Abstraktion* von Gott setzen. Man sündigt gegen das erste Gebot, wenn man anstelle des feurigen, leuchtenden und von Leben vibrierenden Allwesens das »Prinzip« oder die abstrakte »Idee« setzt, sei es als »erste Ursache« (causa prima), sei es als das »Absolute«, die in Wahrheit nur verstandesmäßig zurechtgeschnittene Bilder oder geistige Götzenbilder sind, welche der menschliche Intellekt geschaffen hat.

* *

Zunächst ist es nötig, darauf hinzuweisen, daß die Wirklichkeit und die Wahrheit der Gerechtigkeit sich im Bereich des *Urteils* offenbaren. Denn in irgendeiner Sache ein Urteil zu fällen kommt auf das Bestreben hinaus, die Gerechtigkeit zu finden. Nicht nur die Richter an den Gerichtshöfen urteilen; jedermann urteilt, soweit er *denkt*. Wir alle, insofern wir denkende Wesen sind, sind Richter. Denn jedes Problem, jede Frage, die wir zu lösen versuchen, gibt in Wirklichkeit Anlaß für eine Sitzung unseres inneren Tribunals, wo die »Für« und »Wider« gegenübergestellt und erwogen werden, bevor das Urteil gefällt wird. Wir alle sind Richter, gute oder schlechte, aber wir sind es, und wir üben das Richteramt fast unaufhörlich aus vom Morgen bis zum Abend.

*

Das Gebot: »Richtet nicht!« käme also darauf hinaus, auf das Denken zu verzichten. Denn denken ist richten. »Wahr« und »falsch«, »schön« und »häßlich«, »gut« und »schlecht« sind Urteile, die wir des öfteren am Tage fällen. Jedoch: eine Sache ist richten, eine andere verurteilen. Man richtet *Phänomene* und *Handlungen,* aber man kann nicht die *Wesen* als solche richten, denn dies würde die Richtkompetenz des urteilenden Denkens überschreiten. Man soll also nicht die *Wesen* richten, weil sie für das richtende Urteil des Denkens unzugänglich sind, das nur auf die phänomenale Erfahrung gegründet ist.

*

So ist das negative Richten über die Wesen oder deren Verurteilung in Wirklichkeit nicht möglich, und in diesem Sinne hat man das christliche Gebot zu verstehen: »Richtet nicht!« – d.h. richtet nicht die Wesen, verurteilt nicht! Denn wer verurteilt, maßt sich ein Amt an, zu dem er unfähig ist. Er lügt, wenn er ein Urteil als Wahrheit und Wirklichkeit hinstellt, das jeder Grundlage entbehrt. Man kann also wohl zu seinem Nächsten sagen: »Du handelst wie ein Verrückter!« Wer aber zu ihm sagen würde: »Du bist verrückt!«, verdient bestraft zu werden mit dem Feuer der Hölle (Mt 5,22).

*

Man muß also wissen, was man wirklich weiß und wessen man unkundig ist, wenn man ein Urteil fällt. Man kennt nie das noumenale Wesen des anderen oder seine Seele.

Darum erstreckt sich kein menschliches Urteil oder Gericht auf die Seele.

*

Und die Intuition? Bedeutet sie nichts? – Gewiß, sie existiert und sie bedeutet sehr wohl etwas. Allerdings klagt die Intuition niemals an, weil sie eine Form der Wahrnehmung ist, welche aus der Sympathie und der Liebe hervorgeht. Sie spielt immer die Rolle der Verteidigung, des Anwalts. Da sie die Seele der Wesen wahrnimmt, sieht sie nur das Ebenbild Gottes in ihnen. Indem sie dieses sieht und weiß, daß die Seele des Sünders immer das erste Opfer aller Sünden und Verbrechen ist, welche er begehen könnte, kann die Intuition keine andere Rolle spielen als die des Anwalts.

*

Der Ausspruch »alles verstehen, heißt alles verzeihen« bezieht sich auf das »innere« Verständnis, d.h. das intuitive, und nicht auf das »äußere« oder das phänomenale und diskursive Verständnis. Die erschütternde Formel für die Rolle der Intuition bei der Ausübung der Gerechtigkeit ist uns in der Bitte des gekreuzigten Meisters gegeben: »Vater, vergib ihnen, denn sie wissen nicht, was sie tun« (Lk 23,34). Diese Worte weisen auf drei Tatsachen hin:

1. Was sie tun, ist unter phänomenalem Gesichtspunkt verbrecherisch;
2. das Urteil ist an den Vater übergeben;

3. dies wird begleitet vom Plädoyer: »Vergib ihnen«, das gegründet ist auf die durch intuitive Wahrnehmung erlangte Gewißheit, daß »sie nicht wissen, was sie tun«.

DER EREMIT

Das Arcanum des Herzens

Der Eremit ist weder in Meditation noch in Studien versunken, noch ist er im Begriff, zu arbeiten oder zu handeln. Er *wandert.* Das bedeutet, daß er einen *dritten* Zustand jenseits von Kontemplation und Aktion offenbart. Er repräsentiert in bezug auf die Zweiheit »Wissen – Wollen« oder »Kontemplation – Aktion« oder endlich »Kopf – Glieder« die Synthese, nämlich die des *Herzens.* Denn es ist das Herz, wo Kontemplation und Aktion vereinigt sind, wo Wissen zu Wollen wird, und wo Wollen zu Wissen wird. Das Herz hat nicht nötig, das von der Kontemplation betrachtete Ganze zu vergessen, um zu handeln, und es hat auch nicht nötig, jede Aktion zu unterdrücken, um zur Kontemplation zu kommen. Es ist gleichzeitig und unermüdlich aktiv und kontemplativ, unaufhörlich. Es *geht.* Es geht Tag und Nacht, und wir hören die Schritte seines Tag und Nacht nicht aufhörenden Ganges. Wenn wir daher einen Menschen darstellen wollten, der das Gesetz des Herzens lebt, der im Herzen zentriert und der sichtbarer Ausdruck des Herzens ist – den »guten und weisen Vater« oder den »Eremiten« –, so würden wir ihn *gehend* darstellen, ohne Hast, ohne Rast.

*

Der Eremit des neunten Kartenbildes ist der Mensch des Herzens – der einsame, wandernde Mensch. Er ist der Mensch, der in sich die Antinomie [Gegensätzlichkeit] »Wissen – Wollen« oder »Kontemplation – Aktion« hat. Denn das Herz ist ihre Auflösung.

*

Das »Herz«, das wir hier im Auge haben, ist nicht die Empfindsamkeit oder die Leidenschaftlichkeit, die man gemeinhin unter »Herz« versteht. Es ist das mittlere der sieben Zentren der vitalen und seelischen menschlichen Organisation. Es ist ... das menschlichste der Zentren und das höchste Kriterium nicht dessen, was der Mensch besitzt, was er kann und was er weiß, sondern dessen, was er ist.

Denn der Mensch ist im Grunde nur das, was sein Herz ist. Dort wohnt und offenbart sich die Menschlichkeit im Menschen. Das Herz ist die Sonne des Mikrokosmos.

* * *

Die christliche Hermetik kann nur die Erkenntnis des Allgemeinen sein, das sich *im Besonderen* offenbart. Für die Hermetik gibt es keine »Prinzipien«, »Gesetze« und »Ideen«, die *außerhalb* der individuellen Wesen bestehen, nicht als strukturelle Merkmale ihrer Natur, sondern als getrennte Wesenheiten und unabhängig von ihnen.

*

Es gibt den universalen Wunsch der Wesen – der kleinen wie der großen –, sich zu verbinden, miteinander Moleküle zu bilden, Organismen, Familien, Gemeinschaften, Nationen --- Das ist ein Wunsch, ein universales *strukturelles* Bedürfnis, das sich als »Gesetz« manifestiert. Die »Gesetze« sind den Wesen immanent, wie die Logik dem Denken immanent ist als Teil der eigentlichen Natur des Denkens. Und der wirkliche Fortschritt, die wirkliche Evolution, ist das Fortschreiten der Wesen vom Leben unter einem Gesetz zum Leben unter einem anderen Gesetz, d.h. die strukturelle Änderung der Wesen.

*

So ist das Gesetz »Auge um Auge, Zahn um Zahn« im Begriff, allmählich ersetzt zu werden durch das Gesetz der Vergebung. So wird auch das Gesetz »der Schwache dient dem Starken, das Volk dem König, der Schüler dem Meister« einmal dem Gesetz weichen, das der Meister im Akt der Fußwaschung aufgezeigt hat. Nach diesem höheren Gesetz dient der Starke dem Schwachen, der König dem Volk, der Meister dem Schüler – ganz wie es in den Himmeln ist, wo die Engel den Menschen dienen, die Erzengel den Engeln und den Menschen, die Fürstentümer den Erzengeln, Engeln und Menschen usw. Und Gott? Er dient allen Wesen ohne Ausnahme.

*

So wird auch das »Gesetz« des *Kampfes ums Dasein,* das Darwin auf biologischem Felde beobachtet hat, einmal seinen Platz dem Gesetz des *Zusammenwirkens für das Dasein* einräumen, das schon im Zusammenwirken der Blütenpflanzen mit den Bienen besteht, im Zusammenwirken der verschiedenen Zellen in einem Organismus und im Zusammenwirken im menschlichen sozialen Organismus.

Das Ende des »Gesetzes« vom Kampf ums Dasein und der künftige Sieg des Gesetzes vom Zusammenwirken für das Leben sind durch den Propheten Jesaja angekündigt worden:

»Dann wohnt der Wolf bei dem Lamm und lagert der Panther bei dem Böcklein. Kalb und Löwenjunges weiden gemeinsam, ein kleiner Knabe kann sie hüten« (Jes 11,6).

Das wird geschehen, weil das neue »Gesetz« – d.h. eine tiefe Umwandlung in der psychischen und physischen Struktur der Wesen – das alte »Gesetz« ablösen wird, zuerst im Bewußtsein, dann in den Wünschen und Neigungen und schließlich in der organischen Struktur der Wesen.

*

Die »Gesetze« folgen aufeinander und wandeln sich. Sie sind keine metaphysischen unbeweglichen Wesenheiten. So ist es auch mit den »Prinzipien« und »Ideen«.

»Der Sabbat ist um des Menschen willen da und nicht der Mensch um des Sabbats willen. Darum ist der Menschensohn Herr auch über den Sabbat« (Mk 2,27f).

Dies ist die Beziehung zwischen den Wesen auf der einen und den Gesetzen, Prinzipien und Ideen auf der anderen Seite.

*

Gesetze, Prinzipien und Ideen sind also nicht real?

Sie sind es wohl, aber ihre Realität besteht nicht darin, daß sie ein von den Wesen getrenntes Dasein haben. Sie sind keine metaphysischen Wesenheiten, die eine Welt oder einen Plan bevölkern – eine Welt der Gesetze, Prinzipien und Ideen, die ihnen eigentümlich ist. Die geistige Welt ist keine Welt der Gesetze, Prinzipien und Ideen; sie ist eine Welt der geistigen Wesenheiten – der menschlichen Seelen, der Engel, Erzengel, Fürstentümer, Mächte, Kräfte, Herrschaften, Throne, Cherubim, Seraphim und der Heiligen Trinität des Heiligen Geistes, des Sohnes und des Vaters.

*

Welches ist dann die Realität der Gesetze, Prinzipien und Ideen?

Sie liegt in ihrer strukturellen geistigen, seelischen und körperlichen *Verwandtschaft.* Alle Wesen bekunden eine universale Verwandtschaft und legen Zeugnis ab von ihrem gemeinsamen Ursprung und ihrem gemeinsamen Archetypus. Dieser gemeinsame Archetypus, den die Kabbala »Adam Kadmon« nennt, ist das Gesetz, das Prinzip und die Idee aller Wesen. Das »Ebenbild und Gleichnis Gottes« (Gen 1,26) *in Adam* ist das *Gesetz,* kraft dessen Adam herrscht über »des Meeres Fische, über die Vögel des Himmels, über das Vieh, über alle Landtiere und über alle Kriechtiere am Boden« (Gen 1,26). Adam ist das Gesetz, das Prinzip und die Idee aller Wesen der Natur, weil er ihre urbildliche Synthese ist.

* * *

Das Endziel der Logik der Schlange oder der »List« ist, zu werden »*wie* Gott«, nicht aber Gott zu werden. »Werden *wie*« – dies ist das Wesen der List, dies ist auch der Sinn des wissenschaftlichen »Glaubens«, des wissenschaftlichen Credos, das zugleich nichts anderes als die Umschreibung und die Entfaltung des Versprechens der Schlange ist:

»...daß an dem Tage, da ihr davon esset, euch die Augen aufgehen und ihr sein werdet wie Götter, die Gutes und Böses erkennen« (Gen 3,5).

*

Aufgehen der Augen, sein wie Götter, die Gutes und Böses erkennen – das ist das große Arcanum der Erfahrungswissenschaft. Darum hat sie sich der Sache der Aufklärung verschrieben (»Aufgehen der Augen« für die Horizontale), darum strebt sie nach der absoluten Macht des Menschen (»wie Götter«) und darum endlich ist sie in ihrem innersten Wesen amoralisch oder *moralisch neutral* (»Gutes und Böses«).

Täuscht sie uns? Nein. Sie öffnet *in der Tat* unsere Augen, und wir sehen dank ihrer *mehr* in der Horizontalen: sie gibt uns *tatsächlich* die Macht über die Natur und macht sie uns untertan; sie ist uns *tatsächlich* nützlich, gleichgültig, ob für das Gute oder für das Böse.

*

Die empirische Wissenschaft täuscht uns keineswegs. Also hat die Schlange nicht gelogen – *auf der Ebene, auf der ihr Versprechen und ihre Stimme hörbar waren.*

Auf der Ebene der horizontalen Ausbreitung (»Feld« der Genesis) hält die Schlange wohl ihr Versprechen – aber um welchen Preis hinsichtlich anderer Ebenen, hinsichtlich der Vertikalen?

Welches ist der Preis der wissenschaftlichen Aufklärung, des »Öffnens der Augen« in der Horizontalen, d. h. für den *quantitativen* Aspekt der Welt?

Der Preis dafür ist die Verdunkelung ihres *qualitativen* Aspektes. Je mehr man die Augen geöffnet hat für die Quantität, desto mehr wird man blind für die Qualität.

*

Alles, was man vernimmt durch die »geistige Welt«, ist nur Qualität, und alle Erfahrung der geistigen Welt beruht darauf, daß »die Augen aufgehen« für die Qualität, für den *vertikalen* Aspekt der Welt. Selbst die Zahl hat keinen anderen Sinn in der geistigen Welt als den der Qualität. »Eins« bedeutet dort die Einheit, »zwei« die Dualität, »drei« die Trinität und »vier« die Dualität der Dualität. Die *vertikale* Welt, die geistige Welt, ist die der *Werte*, und weil der Wert der Werte das individuelle Wesen ist, ist sie die Welt der individuellen Wesen, der Entitäten. Die Engel, Erzengel, Fürstentümer, Kräfte, Herrschaften, Gewalten, Throne, Cherubim und Seraphim – jeder von ihnen ist ein individualisierter Wert oder eine individuelle Wesenheit. Und der *höchste Wert* ist die höchste Wesenheit – *Gott*.

*

Die Wissenschaft führt die Qualität auf die Quantität zurück, und sie nennt das »Erkenntnis«. So verlieren die Spektralfarben – Rot, Orange, Gelb, Grün, Blau, Indigo und Violett – für die Wissenschaft ihre Qualitäten der Röte, Orangeheit usw., und sie werden zu Quantitäten – zu Ziffern, die verschiedene Frequenzen oder Wellenlängen derjenigen Schwingung ausdrücken, die man »Licht« nennt. Auch das Licht ist auf Quantität zurückgeführt. Es ist nur eine Formel, die die quantitativen Schwingungsfaktoren von etwas völlig Qualitätslosem ausdrückt.

* *

Was tun angesichts der Wahl zwischen Wissenschaft und Religion?

Muß man überhaupt wählen? Würde es nicht genügen, diesen beiden Bestrebungen den Platz einzuräumen, der ihnen gebührt – nicht den, den sie sich anmaßen?

In der Tat, wenn es weder religiöse Erfahrungswissenschaft noch wissenschaftliche Religion gibt, so gibt es doch religiöse Wissenschaftler und wissenschaftliche Religiöse. Um ehrlich, d.h. ohne Gewissenskompromiß religiöser Gelehrter oder gelehrter Religiöser zu sein, muß man dem deutlich horizontalen Streben ein deutlich vertikales Streben *hinzufügen*, d.h., man muß unter dem Zeichen des Kreuzes leben.

*

Das bedeutet, daß man die quantitativen und die qualitativen Aspekte der Welt deutlich voneinander trennt und daß man sich Rechenschaft ablegt über den genauen Unterschied zwischen der Arbeitsweise eines *Mechanismus* und der Wirkung eines *Sakramentes*.

Denn die ganze Welt hat ihre mechanische und ihre sakramentale Seite. Moses beschreibt im Buch Genesis die Sakrament-Welt; die moderne Astronomie ist dabei, die Weltmaschine zu beschreiben. Der eine berichtet uns vom »Was«, die andere vom »Wie« der Welt. Das »Wie« ist der Mechanismus, das »Was« ist das Wesen, die Essenz. Der Mechanismus ist begreifbar durch die Quantität; das Wesen offenbart sich durch die Qualität.

*

Und das wissenschaftliche Glaubensbekenntnis?

Ich habe keine andere Antwort darauf als diese:

Kreuzigt die Schlange! Heftet die Schlange – oder das wissenschaftliche Credo – an das Kreuz von Religion und Wissenschaft – und eine Metamorphose der Schlange wird die Folge sein! Das wissenschaftliche Credo wird dann zu dem werden, was es in Wirklichkeit *ist:* das Spiegelbild des schöpferischen Wortes. Es wird nicht länger *Wahrheit* sein; es wird *Methode* werden. Es wird nicht mehr sagen: »Im Anfang ist die Substanz oder Materie«, sondern: »Um den Mechanismus der fertigen Welt zu erkennen, muß ich eine Methode wählen, bei der man den Ursprung der Materie und dasjenige außer acht läßt, was sie von außerhalb ihrer in Bewegung gesetzt hat.« Und man wird nicht mehr sagen: »Das Gehirn bringt das Bewußtsein hervor«, sondern man wird sagen: »Um das Funktionieren des Gehirns zu erkennen, muß ich es so betrachten, *als ob* das Bewußtsein durch es verursacht sei.«

*

Die erste Metamorphose des Glaubens der Wissenschaft wird daher darin bestehen, daß seine metaphysischen Dogmen in methodische Postulate verwandelt werden. So wird seine Leugnung Gottes, der Schöpfung und des den Phänomenen vorausgehenden Geistes zur Methode des »gelehrten Nichtwissens« – der »docta ignorantia«, die nichts anderes ist als die Konzentration der Wissenschaft auf das ihr eigene Gebiet.

*

Dieser Metamorphose wird früher oder später eine andere folgen, und zwar die Verwandlung des Willens, der sich im Glauben der Wissenschaft bekundet. Der *Wille zur Macht,* der auf das unbegrenzte Anwachsen der Herrschaft des Menschen über die Natur abzielt, gleichgültig ob zum Guten oder zum Bösen, wird allmählich seine moralische Indifferenz verlieren und sich mehr und mehr dem Guten zuneigen – er wird sich verwandeln in den *Willen zum Dienen.* Und auf diese Weise wird der Glaube der Wissenschaft eine alchimistische Transmutation erfahren, und die empirische Wissenschaft wird aufhören, amoralisch oder moralisch indifferent zu sein. Sie wird Partei ergreifen für das, was aufbaut und der Gesundheit, dem Leben und dem Wohlbefinden der Menschheit dient. Dann wird sie offenstehen für sämtliche methodischen Neuerungen, die ihre besonderen Aufgaben mit sich bringen werden; und einmal wird sie so weit kommen, daß sie sich den konstruktiven Lebenskräften der Welt mit dem gleichen Eifer und der gleichen Intensität widmet, mit der sie sich heute den Kräften, die auf Zerstörung beruhen, hingibt.

DAS SCHICKSALSRAD

Das Arcanum der gefallenen Natur

Wir sind hier beim Kern des Problems »Exoterik-Esoterik« angekommen. Die Exoterik lebt in »Prozessen«, die Esoterik in --- Tragödien und Dramen. Die alten Mysterien waren Tragödien und Dramen – darin zeigt sich ihr esoterischer Charakter.

* * *

Die exoterisch verstandene Evolution ist ein kosmischer Prozeß – ob biologisch oder geistig, ist unwichtig –, während sie esoterisch verstanden ein Drama oder ein »Mysterium« ist im Sinne der Mysterien der Antike. Und nur für die so verstandene Evolution werden die Ideen von Sündenfall, Verdammnis, Erlösung und Heil nicht nur anwendbar, sondern sogar notwendig.

* *

Stoßen Sie sich nicht daran, lieber Unbekannter Freund, und erlauben Sie mir, Ihnen einen Mythos zu erzählen – einen kosmischen Mythos aus der Gnosis, weder aus der alten noch aus der modernen, sondern aus der ewigen Gnosis – und zwar, weil das kosmische Drama in Wirklichkeit ein Fleisch gewordener Mythos ist, und man es zuerst als solchen sehen muß, bevor man daraus die wichtigsten intellektuellen Lehren zieht. Ich werde also den Mythos erzählen, um dann daraus einige Ideen zu entlehnen, die sich auf das Arcanum des Tarot beziehen, das uns beschäftigt.

Als der Vater am siebenten Tag durch sein WORT sein Werk vollendete, das er geschaffen hatte, ruhte er am siebenten Tag von seinem Werk, das er geschaffen hatte. Und der Vater segnete den siebenten Tag und heiligte ihn, weil er an diesem Tage ruhte von all seinem Werk, das er durch sein Tun hervorgebracht hatte.

So ist der siebente Tag gesegnet und geheiligt, weil es der Tag ist nicht der Welt und der Bewegung der Welt, sondern allein des Vaters selbst. Er ist der siebente Teil des Kreises der Bewegung der Welt, wo er zurücktritt, wo er stillesteht und schweigt.

So kam es, daß der Kreislauf der Bewegung der Welt nicht geschlossen wurde, sondern *geöffnet* blieb. Und der siebente Tag wurde geheiligt und gesegnet als der geöffnete Teil des Kreises der Bewegung der Welt, so daß die Wesen der Welt Zutritt hatten beim Vater und der Vater Zutritt hatte bei ihnen.

--- Aber die Schlange sagte: »Es gibt keine Freiheit für die Welt, solange der Kreis der Welt nicht geschlossen ist. Denn Freiheit ist, in sich selbst sein ohne Einmischung von draußen, vor allem von oben, von seiten des Vaters. Die Welt wird immer dem Willen des Vaters folgen und nicht dem ihrigen, solange es die Öffnung im Kreis der Welt gibt, solange der *Sabbat* existiert.«

Und die Schlange nahm ihren Schwanz in ihr Maul und bildete so einen geschlossenen Kreis. Sie drehte sich mit großer Kraft und brachte so in der Welt den großen Wirbel hervor, der Adam und Eva erfaßte. Und die Wesen, denen Adam die Namen, die er ihnen gab, eingeprägt hatte, folgten ihnen.

Und die Schlange sagte zu den Wesen der Welt, die sich diesseits des geschlossenen Kreises bewegten, den sie bildete, indem sie ihren Schwanz in ihr Maul nahm und anfing, sich zu drehen:

»Hier ist euer Weg: ihr beginnt an meinem Schwanz und werdet an meinem Kopf ankommen. Dann werdet ihr die Länge des ganzen Kreises meines Wesens durchlaufen haben, und ihr werdet den geschlossenen Kreis ganz in euch haben, und so werdet ihr frei sein, wie ich frei bin.«

Aber die Frau bewahrte die Erinnerung an die zum Vater hin geöffnete Welt und an den Heiligen Sabbat. Und sie erbot sich, den in ihr geschlossenen Kreis zu zerreißen, um Kinder von außerhalb des Kreises zu gebären, Kinder, die herstammen aus der Welt, wo es den Sabbat gibt. Das war der Anbeginn der Schmerzen ihrer Schwangerschaft und des Leidens diesseits der Welt der Schlange.

»Und es wurde Feindschaft gesetzt zwischen der Schlange und dem Weib, zwischen den Nachkommen der Frau, die mit Schmerzen geboren wurden, und der Nachkommenschaft der Schlange, die mit Vergnügen geboren wurde. Und jene wird den Kopf der Schlange zertreten, und die Schlange wird ihr die Ferse verwunden.« Denn die Frau bewegt sich in entgegengesetzter Richtung zur Bewegung der Schlange, und ihr Kopf kommt am Schwanz der Schlange an, und ihre Fersen berühren den Kopf der Schlange. Denn das Leiden in der Welt, der der Strom der Schlange ist, stellt deren Gegenbewegung dar. Durch die Gegenbewegung des Leidens nahm der Gegenstrom seinen Anfang, der das Denken ist, geboren aus der Erinnerung an die Welt des Sabbats und aus dem Leiden.

So errichteten die Söhne der Frau dem Vater Altäre diesseits der Welt der Schlange. Und Enosch, Sohn des Seth, betete nicht nur den Vater an, sondern gelangte sogar dazu, seinen Namen zu erkennen. Er begann, den Namen des Vaters anzurufen (Gen 4,26). Aber Henoch, aus der Nachkommenschaft des Seth, ging noch weiter; er lebte mit Gott und schritt nicht durch die Bitternis des Todes, die der Ausgang aus dem geschlossenen Kreis der Schlange für die Wesen ist, die diesseits des Kreises der Schlange leben, sondern wurde herausgenommen durch den Vater. Denn dem zum Vater strebenden Denken gelang es um diese Zeit, den Kreis der Schlange zu durchbrechen und eine Öffnung in dem geschlossenen Kreis herzustellen. So konnten Initiation und Prophetie diesseits der Welt der Schlange eingesetzt werden. Die Initiation hielt die Erinnerung an die Welt des Sabbats lebendig, und die Prophetie nährte die Hoffnung auf die Befreiung aus dem Kreis der Schlange und die Wiederherstellung der Welt des Sabbats.

Die Buddhas lehrten den Weg des Ausgangs aus der Welt der Schlange und der Ankunft in der Ruhe des Sabbats.

Aber die Propheten verkündeten die Umwandlung der Welt der Schlange von innen heraus durch die Ankunft des Wortes, das in der Welt der Schlange leben und innerhalb der Welt der Schlange nicht allein den Sabbat wiederherstellen würde, sondern auch die sechs anderen Schöpfungstage, so wie sie waren, bevor der dritte Teil der Wesen eines jeden losgerissen und mitgerissen wurde durch den geschlossenen Wirbel der Schlange.

Dieses geschah. Die Frau-Jungfrau, die die Seele der Gegenbewegung zur Schlange und zum Leiden ist seit dem Beginn der Welt der Schlange, nahm an, empfing und gebar das Wort des Vaters. »Und das Wort ist Fleisch geworden und hat unter den Menschen gewohnt in der Welt der Schlange, voller Gnade und Wahrheit.«

Da haben wir den kosmischen Mythos – das esoterische Drama, das dem exoterischen »Prozeß der Evolution« zugrunde liegt. Er hebt vor allem die Idee des *offenen Kreises und des geschlossenen Kreises* hervor. Der offene Kreis – oder die Spirale – ist die Welt der sechs Schöpfungstage vor dem Sündenfall, gekrönt vom siebenten Tag, dem kosmischen Sabbat, der dem entspricht, was man in der Mathematik als »Spiralschritt« bezeichnet. Er legt die Idee vom unbegrenzten Wachstum und Fortschritt nahe, denn er ist seiner Form nach nichts anderes als die Einführung oder das Vorzimmer zur Ewigkeit. Er verspricht einen unbegrenzten Fortschritt.

Der geschlossene Kreis dagegen ist im Prinzip nur ein *Gefängnis*, wie groß er auch immer sei. Er ist das Rad, das sich dreht, und er läßt daher an keinerlei Fortschreiten außerhalb seines Kreises denken. Die Idee, die der geschlossene Kreis oder das Rad eingibt, ist die der *ewigen Wiederkehr*.

* * *

Drei historische Persönlichkeiten haben nachdrücklich die Idee des kosmischen Rades hervorgehoben, obwohl jede von ihnen es auf verschiedene Weise tat. Das sind Gautama Buddha, Salomo und

Friedrich Nietzsche. Der erste spricht von dem »Rad der Wiederverkörperung«, wo Geburt, Krankheit, Alter und Tod sich unaufhörlich wiederholen. Die Erleuchtung, die Buddha unter dem Bodhibaum zuteil wurde, enthüllte ihm drei Wahrheiten: daß diese Welt ein Rad von Geburten und Toden ist, daß dessen Bewegung im Grunde nur Leiden ist und daß es einen Weg gibt zum Mittelpunkt des Rades, der in Ruhe ist.

Der König Salomo hatte die Erfahrung des Rades; nicht als das der Wiederverkörperungen, wie Buddha, sondern als unerbittliches Schicksal, das alle menschliche Anstrengung und Hoffnung vergeblich macht:

»Nichtigkeit, nur Nichtigkeit. Alles ist Nichtigkeit.

Was bleibt dem Menschen von all seiner Mühe, womit er sich abmüht unter der Sonne? Ein Geschlecht geht, und ein anderes kommt; doch die Erde bleibt ewig bestehen. Die Sonne geht auf, und die Sonne geht unter und eilt an ihren Ort, wo sie aufgeht. Der Wind weht nach Süden, dann wendet er nach Norden; er dreht sich, kehrt um, kommt wieder; so wiederholt der Wind seinen Umlauf. Alle Flüsse laufen ins Meer, doch wird das Meer nicht voll. Zum Ort, wohin die Flüsse gehen, dahin geht ihr Lauf immer wieder« (Pred 1,2–7).

Die Verzweiflung Salomos gehört wesentlich zur Heiligen Schrift. Sie zeigt die Welt ohne Christus – was übrigens auch der Buddha tut. Die Traurigkeit Salomos ist das Seufzen der Kreatur nach Befreiung, das in ihm bewußt geworden ist.

So hat Buddha die Welt der Schlange vor Christus zutreffend diagnostiziert; Salomo hat sie beweint; aber Nietzsche – ungeheuerlich! – hat sie *besungen.* Ja, Nietzsche hat das Rad, den geschlossenen Kreis ohne Ausgang, in der Welt der Schlange gesehen und verstanden, und er für seinen Teil *sagte »ja« dazu.* Er hat die Schau der ewigen Wiederholung, der »ewigen Wiederkunft« gehabt – und er hat sie mit der Ewigkeit gleichgesetzt, obwohl sie gerade das Gegenteil der Ewigkeit ist – – –

»O wie sollte ich nicht nach der Ewigkeit brünstig sein und nach dem hochzeitlichen Ring der Ringe – dem Ring der Wiederkunft! Nie noch fand ich das Weib, von dem ich Kinder möchte – es sei denn dieses Weib, das ich liebe: Denn ich liebe dich, o Ewigkeit!«

So besingt er das Rad, das Buddha als das große Unglück erkannt hatte und das Salomo als »Nichtigkeit, nur Nichtigkeit« einschätzte.

* * *

Was kann man nun vom Standpunkt des *Herzens,* desjenigen der Hermetik und der jüdisch-christlichen Tradition, über die Welt sagen? – Das Herz sagt uns: Die Welt, dieses Wunderwerk an Weisheit, Schönheit und Güte, leidet. Sie ist krank. Dieser große Organismus, der nicht aus der Krankheit geboren sein *kann* und dessen Geburt sich nur der vollkommenen Gesundheit verdanken *kann,* d.h. vollkommener Weisheit, Schönheit und Güte – dieser Organismus ist krank.

* *

Krank wie sie ist, bewahrt die Welt nichtsdestoweniger überall und immer die Züge ihrer ursprünglichen Gesundheit und zeigt das Werk der Kräfte ihrer neuen Gesundheit, ihrer Genesung.

Denn neben dem Kampf ums Überleben gibt es Zusammenarbeit für das Leben, und neben der mineralischen Versteinerung gibt es den kraftvollen, atmenden Teppich des Pflanzenreiches. Die Welt kann also zugleich besungen und beweint werden.

Hier haben wir den Ursprung der Problematik des Sündenfalles: daß die Welt würdig ist, zugleich besungen und beweint zu werden.

Die Welt ist nicht, wie sie sein sollte. Es besteht ein Widerspruch zwischen dem Ganzen und den Teilen. Denn während der gestirnte Himmel eine Harmonie des Gleichgewichtes und des vollkommenen Zusammenwirkens darstellt, zerfleischen sich Tiere und Insekten gegenseitig und bringen Legionen von ansteckenden Mikroben den Menschen, Tieren und Pflanzen Krankheit und Tod.

*

Auf diesen Widerspruch zielt der Begriff »Fall« hin. Er bezeichnet vor allem jenen Zustand der Dinge in der Welt, der den Eindruck macht, als ob die Welt aus zwei unabhängigen, wenn nicht gar gegensätzlichen Welten zusammengesetzt sei, als ob sich in den Organismus der großen Welt der »Sphärenharmonie« eine andere Welt mit ihren eigenen Gesetzen und mit ihrer eigenen Evolution eingeschaltet hätte, ja, als ob sich eine Krebsgeschwulst im sonst gesunden Organismus der Welt entwickelte.

*

Die Wissenschaft nimmt die beiden Welten zusammen. Sie betrachtet sie als untrennbare Einheit und nennt diese Gesamtheit *»Natur«*. Es ist eine Natur mit zwei Gesichtern; die Natur, die gütig und grausam zugleich ist; die Natur des erstaunlichen Zusammenwirkens einerseits und des erbitterten Kampfes andererseits; die weise und zugleich blinde Natur; die liebende »Mutter Natur« und die Stiefmutter voller Bosheit ---

Mit allem der Wissenschaft geschuldeten Respekt muß man hier doch auf einen sehr banalen Denkfehler hinweisen, den sie begeht. Und zwar begeht sie denselben Irrtum wie ein Arzt, der den Krebsprozeß und der den Blutkreislauf als zwei normale Aspekte der einen *Natur* des Organismus des Patienten bezeichnen würde ... Genauso aber verhält sich die Wissenschaft gegenüber dem Organismus der Welt. Sie weigert sich, in der Welt Natur und Widernatur, Gesundheit und Krankheit, natürliche Entwicklung und widernatürliche Entwicklung zu unterscheiden.

*

Daß es eine Anomalie im Zustand der Welt gibt, wußten die Alten schon immer. Ob sie diese dem Prinzip der Unwissenheit (Avidya) zuschrieben, wie im alten Indien, oder dem Prinzip der Finsternis (Ahriman), wie im alten Persien, oder aber dem Prinzip des Bösen (Satan), wie bei den alten Semiten, ist nicht von Belang; denn immer handelte es sich um die Unterscheidung zwischen natürlicher Welt und entarteter Welt, zwischen Natur und Perversion, zwischen Gesundheit und Krankheit.

Es versteht sich von selbst, daß die Hermetik im Einklang mit der jüdisch-christlichen Tradition die »Natur« der Wissenschaft nicht als die von Gott geschaffene Welt betrachtet, sondern als das *Feld*, auf dem die geschaffene Welt und die Welt der Schlange einander begegnen.

* * *

Der andere Begriff des kosmischen Dramas, der uns beschäftigt, und der mit dem »Fall« verbunden ist, ist die *Erlösung*.

Erlösung ist der kosmische Akt der Wiederherstellung der gefallenen Welt, »indem zuerst die *Öffnung* in ihrem geschlossenen Kreis geschaffen wird (Religion, Einweihung, Prophetie), sodann der *Weg* des *Ausganges* (die Buddhas) und des *Einganges* (die Avatare) durch diese Tür eingeführt wird und indem endlich die gefallene Welt von innen aus umgewandelt wird durch die Ausstrahlung des inkarnierten WORTES (Jesus Christus)«.

Daher lautet die These, die wir hier vorbringen, daß das Heilswerk, das auf die Erlösung im eigentlichen Sinne hinzielt, universal sowohl in zeitlicher als auch in räumlicher Hinsicht ist. Denn dieses Werk wirkte seit der Morgenröte der Menschheit und erstreckte sich auf alle Gruppen und alle Religionen. Jedes Jahrhundert war ein Abschnitt davon, und die ganze Menschheit war – und ist – sein Feld. Das Werk des Heiles ist *katholisch* im buchstäblichen Sinn dieses Wortes... Es umfaßt das erste Aufdämmern von Erinnerungen an das Paradies in den Seelen, die in die Finsternis des Kampfes ums Dasein getaucht sind; die Einrichtung des Kultes, um diese

Erinnerungen zu hüten und vor dem Vergessen zu bewahren; das Auftreten von Priestern, die mit diesem Kult betraut sind, und von Sehern und Propheten, die den Kult lebendig erhalten und weiterentwickeln; das Entstehen von Schulen der individuellen Bemühung um eine das Gehirn transzendierende Erfahrung; die aufsehenerregende Botschaft, daß ein solches Bemühen nicht vergeblich ist, daß es einen Weg aus dem geschlossenen Kreis gibt; die Lehren der Buddhas, der Meister dieses Weges; die Offenbarungen der Avatare – der Rishis, der Großen Meister und der »Männer Gottes« –, die die Realität des Weges des Einganges, der Kundgabe und der Inkarnation zeigten; die geistige Vorbereitung der Inkarnation in der ganzen Welt und ihre blutsmäßige Vorbereitung in einem auserwählten Volk – Israel –, vorgebildet durch die Inkarnationen und Kundgaben der Avatare und Buddhas; dann die Inkarnation selbst und endlich alles, was enthalten ist in dem Ausspruch des hl. Paulus:

»Und ganz gewiß, groß ist das Geheimnis der Frömmigkeit: er wurde geoffenbart im Fleische, gerechtfertigt im Geiste, geschaut von Engeln, verkündet den Heiden, geglaubt in der Welt, aufgenommen in Herrlichkeit« (1 Tim 3, 16).

DIE KRAFT

Das Arcanum der Jungfrau

Gott herrscht, d.h., er wird angebetet, ihm wird gehorcht, er wird geliebt, nicht nur ausdrücklich durch Theologien und Philosophien oder durch Gebete, Meditationen und kultische Handlungen, sondern auch durch den Hunger und Durst nach Gerechtigkeit, Wahrheit und Schönheit und durch jede großmütige Handlung, jede Äußerung der Hochachtung, Bewunderung und Anbetung.

*

Ja, die Welt ist voll von unausgesprochener Religion, und die Heiligen und die inspirierten Dichter, die von den Vögeln sagten, sie loben Gott, wenn sie singen, hatten keineswegs unrecht. Denn ihr kleines Leben singt das große Leben und verkündet in unzähligen Varianten die gleiche Botschaft, alt wie die Welt und neu wie der Tag: »Das Leben lebt und regt sich in mir!« Welche Huldigung an die Quelle des Lebens durch das strömende Leben, durch die singenden Vögel!

Religio naturalis. Die natürliche Religion besteht durchaus und erfüllt die Welt. Ihre Wasser entströmen dem Throne Gottes, denn indem sie alle Wesen, die kleinen und die großen, mit wunderbarer Hoffnung und mit wunderbarem Glauben erfüllen – die auf dem Grunde allen Lebensschwunges sind –, können sie aus nichts anderem hervorgehen als aus der unmittelbaren Gegenwart Gottes selbst. Die Fluten der Hoffnung und des Glaubens, die sich im großen

»Ja!« offenbaren, das alle lebenden Wesen durch die Tatsache aussprechen, daß sie leben und daß sie das Leben dem Tod vorziehen – diese Fluten können nichts anderes in sich tragen als das sichere Zeugnis für die zugrunde liegende Gegenwart Gottes, d.h. für den Sinn und das Ziel des Lebendigseins.

* * *

Die jungfräuliche Natur, die tätigen Anteil an den Wundern der göttlichen Magie hat, ist das Thema des elften Arcanums des Tarot »Die Kraft«, das eine Frau als Siegerin über einen Löwen darstellt, dessen Rachen sie mit ihren Händen halb öffnet. Sie tut dies mit derselben Leichtigkeit und offensichtlich genauso ohne Anstrengung, wie der »Gaukler« des ersten Arcanums seine Gegenstände handhabt. Hinzu kommt, daß sie einen Hut trägt, welcher dem des »Gauklers« ähnlich ist, da er ebenfalls die Form der Lemniskate hat. Man könnte sagen, daß beide gleicherweise unter das Zeichen des Rhythmus gestellt sind, der Atmung der Ewigkeit, unter das Zeichen ∞; und daß beide zwei Aspekte eines einzigen Prinzips offenbaren, nämlich daß Anstrengung die Gegenwart eines Hindernisses anzeigt und daß sowohl vollständige Aufmerksamkeit als auch unversehrte Natürlichkeit einen inneren Zwiespalt ausschließen und damit jedes Hindernis und jede Anstrengung. Ebenso wie die vollkommene Konzentration ohne Anstrengung geschieht, ebenso handelt wahre Kraft ohne Anstrengung.

*

Denn die Kraft bändigt den Löwen nicht durch eine ähnlich geartete Kraft, wie sie der Löwe besitzt, sondern vielmehr durch die Kraft einer höheren Ordnung und Ebene. Das ist das Arcanum der »Kraft«.

Was also lehrt das elfte Arcanum des Tarot? – Durch das gezeigte Bild selbst sagt es: Die »Jungfrau« bändigt den Löwen und lädt uns somit ein, die Ebene der *Quantität* zu verlassen – denn die Jungfrau ist offensichtlich schwächer als der Löwe, was die Quantität der physischen Kraft anbelangt – und uns auf die Ebene der *Qualität* zu erheben, denn dort finden sich offenbar die Überlegenheit der »Jungfrau« und die Unterlegenheit des Löwen.

Wem also gehorcht der Löwe? Vor wem neigt er sich spontan? Ist er hypnotisiert? – Er ist es nicht, denn die »Jungfrau« sieht ihn nicht einmal an; ihr Blick ist irgendwo anders hin gerichtet --- weit ab vom Löwen, dem sie den Rachen öffnet. Der Löwe erleidet keinerlei Zwang – weder physischen noch hypnotischen –, also gehorcht er niemandem außer seiner eigenen Natur, also ist es seine wahre Natur, die in ihm handelt. Es ist der Löwe, vor dem der Löwe sich neigt; es ist die heilige Tierheit, der die bestialische Tierheit gehorcht.

* *

Jungfräulichkeit ist Gehorsam vor dem Göttlichen, also Übereinstimmung und Mitwirkung mit ihm. Daher ist die »Jungfrau« die Seele des Lebens, d.h. der Kraft, die nichts zwingt, aber alles bewegt. Und der Löwe des elften Kartenbildes gehorcht der Kraft seines eigenen Lebens, dem tiefen Antrieb seines innersten Wesens, wenn er der Jungfrau gehorcht, die seinen Rachen öffnet.

* * *

Es gibt zwei Prinzipien, die man verstehen und unterscheiden muß, wenn man das Arcanum der Kraft ergründen will. Das eine ist das Prinzip der »Schlange« und das andere dasjenige der »Jungfrau«. Das erste ist die *Opposition*, wovon die Reibung herrührt, welche die Energie hervorbringt. Das andere ist die Übereinstimmung, aus der die Verschmelzung hervorgeht, welche die Kraft erzeugt.

*

So sind ungeheure Energien *seelischer* Art in die Welt geschleudert worden durch Streit und Krieg, welche durch den Konflikt von Interessen und Ansprüchen entstanden. Intellektuelle Energien gehen aus dem Zustand der Möglichkeit in den der Wirklichkeit über, sobald es eine Kontroverse gibt. Man sagt: »Aus dem Zusammenprall der Meinungen geht die Wahrheit hervor«; aber es ist eigentlich nicht die Wahrheit, die daraus hervorgeht, sondern vielmehr die intellektuelle, kampflustige Energie. Denn die Wahrheit enthüllt sich durch das *Verschmelzen* der Meinungen und nicht durch ihren Zusammenprall. Der Zusammenprall erzeugt wohl intellektuelle Energie, aber er enthüllt niemals die Wahrheit. Niemals hat Streit je zur Wahrheit geführt, es sei denn, man habe ihn verlassen und den Frieden gesucht. Polemik kann wohl die Geister elektrisieren und in der Welt ein wahres intellektuelles Gewitter verursachen, aber das Vermögen, Wolken zu zerstreuen und die Sonne leuchten zu lassen, ist ihr nicht gegeben.

* *

Aus der *Verschmelzung* der Meinungen leuchtet die Wahrheit hervor. Die Kon-versation – der Prozeß des Zusammen-fügens der Meinungen – ist das Gegenteil der Kontro-verse, also des Prozesses des Sichgegeneinanderwendens. Die Konversation ist die Operation der Verschmelzung der Meinungen; sie ist das Werk der Synthese. Wahre Konversation hat immer als zugrunde liegendes Prinzip das Wort des Evangeliums:

»Denn wo zwei oder drei in meinem Namen versammelt sind, da bin ich mitten unter ihnen« (Mt 18,20).

Denn jede wahre Konversation ruft als transzendenten Mittelpunkt den an, der da ist der Weg, die Wahrheit und das Leben.

*

Der *Sohar* [Hauptwerk der kabbalistischen Mystik des Judentums] ist ein historisches Dokument, das unter anderem das vielleicht beste Beispiel der schöpferischen Rolle liefert, die die Konversation spielen kann. Die Rabbiner Eléazar, Simeon, José, Abba und andere vereinigen dort ihre Anstrengungen und ihre Erfahrungen im Hinblick darauf, gemeinsam zu einem tieferen, höheren und weiteren Verständnis der Torah zu gelangen. Und sie weinen, diese Rabbiner, und sie umarmen sich, als es eintritt! Von Seite zu Seite lernt der Leser des Sohar – dieses bemerkenswerten Dokumentes gemeinsam erlebter, gemeinsam erstrebter, gemeinsam gewürdigter Geistigkeit – die Konversation mehr zu verstehen, zu würdigen und zu lieben, die auf die Verschmelzung der Meinungen, auf die Synthese abzielt.

* * *

Nicht die Gelehrten und Experimentierenden sind berufen, einen geistigen Frühling in der westlichen Welt herbeizuführen, sondern die Menschen, die an den echten Quellen des Tiefenlebens teilhaben – des Tiefenlebens des Denkens, Fühlens und Wollens.

Damit dies stattfinden kann, muß das Denken meditativ werden, das Fühlen kontemplativ und das Wollen asketisch. Denn um die wahren Quellen des Tiefenlebens zu erreichen, muß man das tiefe Denken suchen: die Meditation; man muß das tiefe Fühlen suchen: die Kontemplation; und man muß das ursprüngliche Wollen suchen, jenseits der Wünsche und Begierden: die Askese. So gewinnt man die bewußte Teilhabe am echten spirituellen Leben, und so eröffnen sich seine Quellen.

Die »Jungfrau«, die Kraft unseres Arcanums, ist das Prinzip des Frühlings, d.h. des schöpferischen geistigen Schwunges und der geistigen Blüte.

* *

Es ist die Not des heutigen Westens, daß ihm der schöpferische Elan mehr und mehr fehlt... weil er sich von der Quelle des schöpferischen Elans, von der Jungfrau abgewandt hat. Ohne Jungfräulichkeit gibt es keinen Frühling, gibt es weder Frische noch Jugend.

Darum bedaure ich, daß die Mehrzahl der Autoren und Gelehrten des zeitgenössischen Okkultismus gemeinsame Sache mit den Entthronern der Jungfrau gemacht haben. Daß sie sich der positivistischen Wissenschaft zuwandten, d.h. dem Wissen, das entschleiert und entkleidet, und sich von der Weisheit abwandten, d.h. von dem Wissen, das verschleiert und in Symbole einkleidet und das nicht auf *forschender Beobachtung* beruht, sondern auf *offenbarender Verehrung.* Denn es besteht ein gewaltiger Unterschied zwischen einem positivistischen Forscher nach der nackten Wahrheit und einem Verehrer der Wahrheit, die sich durch Symbole offenbart. Der eine ist unweigerlich Bilderstürmer, der andere Bilderverehrer. Der eine sucht die Nacktheit, der andere hält sich für die Offenbarung durch die Fülle bereit.

*

Nun ist die Hermetik ihrem Wesen nach grundsätzlich eine Bilderverehrerin. Für sie sind Symbole keine Hindernisse, die man beiseite schaffen muß, um zur Erkenntnis der Wahrheit zu kommen, sondern Mittel, durch die man Offenbarung empfängt. Der Hermetiker sieht in den »Kleidern« – den Symbolen – der Wahrheit nicht etwas, das sie verbirgt, sondern vielmehr das sie offenbart. Die ganze Welt als eine Reihe von Symbolen verbirgt nicht, sondern offenbart das WORT. Wer das Leben der Symbole leugnet, tötet sie in seinem Denken. Denn etwas, das offenbart, zu leugnen, heißt etwas zu töten, das im Denken lebt. Der Bilderstürmer ist ein intellektueller Mörder. Die Hermetik dagegen ist Bilderverehrerin und Traditionalistin. Das bedeutet, daß sie nicht gemeinsame Sache macht mit den großen Wellen der Bilderstürmerei, jenen Wellen, die man »Reformation«, »Aufklärung«, »Wissenschaftsglaube« nennt, die Feuer legen in den Wäldern der Symbole, jenen Wäldern, die den intellektuellen Boden der Menschheit gegen Trockenheit und Erosion schützen.

DER AUFGEHÄNGTE

Das Arcanum des Glaubens

Das Kartenbild des zwölften Arcanums des Tarot: »Der Aufgehängte« zeigt einen jungen Mann, aufgehängt mit einem Fuß zwischen zwei Bäumen, deren Äste unmittelbar am Stamm abgesägt sind, an einem von den Bäumen gestützten Querbalken, wodurch ein Gerüst entsteht.

Die Position eines umgekehrten Mannes, den Kopf nach unten, mit einem Fuß an einem Gerüst aufgehängt, das freie Bein angewinkelt und die Hände auf dem Rücken gebunden, ruft natürlicherweise zuerst den Gedanken an die *Gravitation,* die Schwerkraft [bzw. umfassender: Anziehungskraft], wach und an die Qual, die der Konflikt mit ihr dem Menschen zufügen kann. Der erste Eindruck des Kartenbildes taucht uns ins Herz des Problems der Beziehung zwischen Mensch und Gravitation und der Konflikte, die diese Beziehung mit sich bringt.

*

Die *Gravitation* – die physikalische, seelische oder geistige – besetzt den zentralen Platz als Ordnungsfaktor im Sonnensystem, im System des Atoms, in der biologischen Zelle, im biologischen Organismus, im Mechanismus des Gedächtnisses und der Ideenassoziation, in den Beziehungen der Geschlechter, im sozialen Organismus, in der Bildung von Gemeinschaften mit einer gemeinsamen Lebensart, mit einer Lehre und mit einem Ideal und schließlich im Prozeß der biologischen, seelischen und geistigen

Evolution, in der ein Gravitationszentrum – oder ein allgemeines Urbild als Zielursache – durch die Zeitalter hindurch am Werk ist, so wie die Sonne als Mittelpunkt der Schwerkraft des Planetensystems durch den Raum hindurch wirkt.

*

Die ganze Welt offenbart sich uns als ein umfassendes Gravitationssystem, das aus zahlreichen einzelnen Gravitationssystemen besteht – wie den Atomen, Zellen, Organismen, Planeten, Individualitäten, Gemeinschaften und Hierarchien. Jeder von uns ist hineingestellt in das kosmische Gravitationssystem, das bestimmt, was unsere Freiheit vermag und was sie nicht vermag.

*

Der eigentliche Bereich unserer Freiheit, unser geistiges Leben, bestätigt die wirkliche und aktive Gegenwart einer Gravitation geistiger Art; denn was ist das Phänomen der Religion anderes als die Äußerung der geistigen Gravitation, die auf das geistige Gravitationszentrum der Welt gerichtet ist – auf Gott? Es ist bezeichnend, daß der Ausdruck für das ursprüngliche Ereignis des Überganges des Menschen vom sogenannten »Paradieseszustand« in den irdischen Zustand der Mühsal, des Leidens und des Todes – der Sünden*fall* – aus dem Bereich der *Gravitation* entlehnt ist.

* * *

Der *Aufgehängte* stellt den Zustand des Menschen dar, in dessen Leben die Gravitation von oben diejenige von unten ersetzt hat.

Zunächst muß man sagen, daß die Anziehung

von oben ebenso wirklich ist wie die von unten und daß der Zustand des Menschen, der zu Lebzeiten vom irdischen Gravitationsfeld in das himmlische übergegangen ist, sich in der Tat vergleichen läßt mit dem Aufgehängten auf dem Kartenbild. Dieser Zustand ist gleichzeitig eine Wohltat und ein Martyrium, beides sehr wirklich.

*

Die Geschichte des Menschengeschlechtes gibt Zeugnis von der Wirklichkeit der Anziehung von oben. Der Auszug in die ägyptische, palästinische, syrische und andere Wüsten, eingeleitet durch den hl. Paulus von Theben und den hl. Antonius den Großen, war nichts anderes als die Äußerung der unwiderstehlichen Anziehung von oben. Die Wüstenväter, die Pioniere dieses Auszuges, hatten weder das Programm noch den Plan, irgendwelche Gemeinschaften oder Schulen einer dem indischen Yoga vergleichbaren christlichen Spiritualität zu gründen. Nein, was ihnen widerfuhr, war der unwiderstehliche Ruf von oben zur Einsamkeit und zu einem ganz der geistigen Wirklichkeit hingegebenen Leben.

* *

Die Anziehungskraft des Himmels ist derart wirklich, daß sie nicht nur die Seele ergreifen kann, sondern sogar den physischen Körper. Dann wird der Körper emporgehoben und berührt die Erde nicht mehr.

Die hl. Teresa machte die Erfahrung, wie der Geist den Körper »nach sich zieht«, der Geist, der seinerseits unter der Herrschaft der Anziehung stand, die vom Zentrum der geistigen Anziehung ausging. Und dieses Zentrum war, für sie, der Herr.

* *

Petrus, der »aus dem Schiff ausstieg und auf dem Wasser schritt, um zu Jesus zu kommen«, erfuhr die gleiche Verzückung, die die hl. Teresa beschreibt. *Er steigt aus* dem Schiff – das bedeutet in Anbetracht von allem, was Vernunft und Gedächtnis gebieten, daß er den Bereich der Sinne, der Vernunft und des Gedächtnisses, d.h. das gewöhnliche Bewußtsein, verläßt; und er schreitet auf dem Wasser, *angezogen von Jesus*. Er erfährt also die gleiche Erhebung der Seele, die sich in der Folge auch auf den Körper erstreckt, wovon die hl. Teresa spricht. Er erlebt sogar den gleichen Schrecken, von dem die Heilige erfaßt wurde, wie sie gesteht, als sie ihren »Körper so über die Erde erhoben« sah. Und ebenso wie sie von einer ausgestreckten Hand gezogen wurde, hatte auch Petrus die Erfahrung der Hilfe durch dieselbe Hand.

So machten die hl. Teresa und der hl. Petrus, die eine wie der andere, die Erfahrung der gleichen psychosomatischen Ekstase.

* * *

Der andere charakteristische Zug des »spirituellen Menschen« besteht in der Tatsache, daß er umgekehrt ist. Das bedeutet erstens, daß der »feste Boden unter seinen Füßen« sich oben befindet, während das Feld hier unten ihm nur das der Wahrnehmung und der Probleme seines Kopfes ist. Zweitens bedeutet es, daß sein *Wille* mit dem Himmel verbunden ist und sich in unmittelbarem Kontakt mit der geistigen Welt befindet, ohne Vermittlung durch Denken und Fühlen. Dadurch »weiß« sein Wille Dinge, die der Kopf, sein Denken, noch nicht weiß, so daß es mehr die Zukunft – die himmlischen Pläne für die Zukunft sind, die in und durch seinen Willen wirksam sind, als die Erfahrung und die Erinnerung der Vergangenheit. Der »spirituelle Mensch« ist also buchstäblich der »Zukunftsmensch«, weil die Zielursache (causa finalis) das Element ist, das seinen Willen aktiviert.

* *

Abraham verließ sein Geburtsland und durchquerte die Wüste, um sich in ein fremdes Land zu begeben, wo Jahrhunderte nach ihm ein von ihm entsprossenes Volk sein Vaterland finden und wo sich, wiederum Jahrhunderte später, das Heilswerk der Menschheit ereignen sollte. »Wußte« er das alles? Ja und nein. Ja in dem Sinne, daß er *handelte, als ob er es wüßte,* da sein Wille begeistert war durch diese künftigen Dinge und durch ihre Größe und Tragweite. Nein in dem Sinne, daß er in seinem Denken und in seiner Vorstellung weder Plan noch klares Programm hatte. Er wußte weder genau wann, wie, noch in welchen Abschnitten sich diese Dinge realisieren würden.

*

Nun ist die Gewißheit, die zunächst den Willen ergreift, von wo aus sie sich auf das Fühlen und auf das Denken erstreckt, genau das, was der Apostel Paulus unter dem Ausdruck »Glaube« (πίστις – fides) versteht. Nach ihm ist

»der Glaube das feste Vertrauen auf das Erhoffte, ein Überzeugtsein *von dem, was man nicht sieht«* (Hebr 11,1), und

»durch Glauben gehorchte Abraham, als der Ruf an ihn erging, auszuwandern an einen Ort, den er zum Erbe erhalten sollte; und er wanderte aus, ohne zu wissen, wohin es ging« (Hebr 11,8).

*

Abraham hatte also »*das feste Vertrauen* auf das Erhoffte«, nachdem er »ein Überzeugtsein von dem, was man nicht sieht«, erfahren hatte, d.h., sein Wille wußte, während sein Verstand und sein Vorstellungsvermögen »nicht sahen« oder nicht die ihnen entsprechende Gewißheit hatten. Dennoch *gehorchte er* und wanderte aus, ohne zu wissen, wohin er komme, d.h., er *handelte*, bevor sein Denken und Vorstellen verstanden hatten, daß eine ganze Welt in seine Tat mit eingeschlossen war. Als er auswanderte, folgte sein Kopf seinen Füßen: seine Füße waren also »oben«, insofern sie das Gebot des Himmels ausdrückten, und sein Kopf gehorchte ihnen und war »nach unten« gewendet, insofern er nur die Entbehrungen, die Risiken und die Gefahren des Unternehmens sah. Abraham befand sich also genau im Zustand des »Aufgehängten« unseres Arcanums.

»Durch Glauben gehorchte Abraham, als der Ruf an ihn erging... und er wanderte aus...« (Hebr 11,8).

»Gehorchte... als der Ruf an ihn erging« – das ist der Schlüssel zum Mysterium des Glaubens, des Wissens des Willens.

* * *

Der Wille ist eine aktive Kraft; er ist von Natur aus kein Organ der Wahrnehmung. Um aber doch wahrnehmen zu können, muß er – nicht etwa passiv werden, dann würde er nämlich dahinschwinden, denn wenn er aufhören würde aktiv zu sein, würde er zugleich aufhören, Wille zu sein – er muß vielmehr, um wahrnehmen zu können, das Zentrum der Anziehungskraft wechseln, d.h. sich umgestalten von *»mein* Wille« in *»dein* Wille«. Nur die innerliche Tat der Liebe kann diesen Wechsel des Zentrums vollbringen, dem der Wille dient oder um das er kreist. Anstatt um das Zentrum »ich« zu kreisen, kann er sich nach dem Zentrum »du« ausrichten. Diese durch die Liebe bewirkte Umgestaltung nennt man *»Gehorsam«*.

Durch diesen Gehorsam nun ist der Wille fähig *wahrzunehmen*. Und was er wahrnehmen oder eingeflößt bekommen kann, ist die Offenbarung von oben, die ihn inspiriert, ihn lenkt und ihn stärkt.

Auf diese Art und Weise konnte der Wille der Märtyrer alles ertragen und war der Wille der Wundertäter in der Lage, alles zu vollbringen.

* *

Der Wille mit Gott vereint und die beiden anderen Fähigkeiten [Denken und Vorstellen] »aufgehängt« – das ist der Zustand der Seele beim Empfang der übernatürlichen Gabe des Glaubens. – – –

Der Wille ist dem Kopf (dem Verständnis und dem Gedächtnis) voraus und erhebt sich über ihn. Der Wille empfängt dabei die göttliche Einprägung, die der Kopf einmal verstehen wird – oder auch nicht.

* *

Es gibt eine Stelle in der »Vita Antonii« des hl. Athanasius, des Bischofs von Alexandria, die sich auf diesen Gegenstand bezieht: »Wieder kamen hierauf andere zu ihm, Menschen, welche bei den Heiden als Weise gelten, und forderten von ihm Auskunft über unseren Glauben an Christus ---«

Antonius der Große sagte ihnen durch einen Dolmetscher:

»›Ihr stützt euch aber doch auf eure Fertigkeit in Beweisreden; ihr habt diese Kunst und deshalb wollt ihr, daß auch wir Gott nicht ohne den Wortbeweis verehren. Sagt ihr nun zuerst: Wie lassen sich die Dinge und besonders die Gotteserkenntnis genau erfassen, durch Beweisreden oder durch tätigen Glauben? Was ist zuerst vorhanden, der wirksame Glaube oder der Wortbeweis?‹ Als sie antworteten, das Ursprünglichere sei der Glaube, der sich im Handeln äußert, und dies sei genaue Erkenntnis, bemerkte Antonius: ›Ihr habt wohl gesprochen. Denn der Glaube kommt aus einer bestimmten Verfassung der Seele, die Dialektik aber geht aus der Kunst ihrer Urheber hervor. Die also, welche den wirksamen Glauben haben, brauchen den Wortbeweis nicht, er ist vielmehr sogar überflüssig. Was wir aus dem Glauben wissen, das versucht ihr durch Worte aufzubauen; oft könnt ihr aber gar nicht sagen, was wir meinen. Die Tat durch den Glauben ist daher besser und kräftiger als eure sophistischen Syllogismen.‹ «

*

Hier haben wir einen deutlichen Vergleich zwischen der Gewißheit aus der »Kraft des Glaubens« und der des Beweises durch Verstandesgründe. Es ist der gleiche Unterschied, wie der zwischen der Photographie von einem Menschen und der Begegnung mit diesem Menschen. Es ist der Unterschied, der zwischen Abbildung und Wirklichkeit besteht, zwischen der Idee, die man sich von der Wahrheit macht, und der gegenwärtigen und wirkenden Wahrheit selbst.

*

Die Gewißheit des Glaubens entspringt der gelebten Begegnung mit der Wahrheit und ihrem überzeugenden und umwandelnden Wirken, während die Gewißheit der Beweisführung nur ein mehr oder weniger gehobener Grad an *Wahrscheinlichkeit* ist, weil sie abhängt von der Gültigkeit unserer Beweisführung und von der Vollständigkeit und Genauigkeit der gegebenen Tatsachen, die ihr zur Grundlage gedient haben. Eine neue Gegebenheit kann das ganze Gebäude unserer Beweisführung umkehren, ebenso wie eine gegebene Tatsache, die sich als falsch oder ungenau erweist, dieselbe Konsequenz haben kann. Darum ist jede auf Verstandesgründe gestützte Überzeugung innerlich *hypothetisch* und schließt folgenden Vorbehalt ein: »Vorausgesetzt, daß die Daten, die mir vorliegen, vollständig und genau sind und daß keine anderen auftauchen, die ihnen widersprechen, bin ich durch folgende Argumente zu dem Schluß gekommen, daß... usw.« Die Gewißheit des Glaubens hingegen hat nichts Hypothetisches: sie ist absolut. Die christlichen Märtyrer starben nicht etwa für Hypothesen, sondern für die Wahrheiten des Glaubens, von denen sie absolute Gewißheit besaßen.

DER TOD

Das Arcanum des Lebens

Unsere äußere Erfahrung vom Tode ist das *Verschwinden* der Lebewesen vom physischen Plan. Das ist die Erfahrung unserer fünf Sinne. *Verschwinden* als solches... [gibt es aber nicht nur im] Bereich der äußeren Sinneserfahrung, es wird auch im Bereich der inneren Erfahrung erlebt – in dem des Bewußtseins; dort verschwinden Bilder und Vorstellungen ebenso, wie Lebewesen es tun für die Erfahrung der Sinne. Wir nennen es »*Vergessen*«. Und dieses Vergessen breitet sich jede Nacht über die Gesamtheit unseres Gedächtnisses, Willens und Verständnisses aus, so daß wir *uns* vollständig vergessen. Das nennen wir »*Schlaf*«.

Für unsere Erfahrung im ganzen (die äußere *und* innere) sind Vergessen, Schlaf und Tod »drei Erscheinungsformen desselben Vorganges« – nämlich des Verschwindenlassens. Man sagt, daß der Schlaf der jüngere Bruder des Todes ist. Man muß noch hinzufügen: das Vergessen ist der Bruder des Schlafes.

Vergessen, Schlaf und Tod sind drei im Grade verschiedene Erscheinungsformen eines einzigen Prinzips oder einer einzigen Kraft, die die intellektuellen, seelischen und körperlichen Phänomene zum Verschwinden bringt. Vergessen verhält sich zum Schlaf wie der Schlaf zum Tod.

* *

Außer dem organischen Schlaf, wo man zu Bett liegt und alles vergißt einschließlich seiner selbst, gibt es einen seelischen Schlaf und einen Schlaf des Willens. Während der sechzehn oder achtzehn Stunden, die wir im Wachzustande verbringen, gibt es Schichten in unserem Seelenwesen, die im Schlaf liegen. Man »schläft« während des Wachzustandes für viele Dinge – für Tatsachen, Menschen, Ideen, Gott – – –

Wenn der Buddha angesehen und verehrt wird als »völlig erwacht« für die Tatsachen des menschlichen Lebens, wie Krankheit, Alter und Tod, so geschieht dies, weil diejenigen, die keine Buddhas sind, wissen, daß sie hinsichtlich dieser Tatsachen schlafen – nicht verstandesmäßig, aber seelisch und in ihrem Willen. Sie »wissen« es, und zugleich *wissen* sie es nicht. Denn man weiß in Wahrheit nur dann, wenn man *begreift*, was man weiß, wenn man fühlt, was man begriffen hat, und wenn man *in die Tat umsetzt*, was man verstanden und gefühlt hat.

*

Ebenso gibt es außer dem klinischen Tod einen seelischen und einen moralischen Tod. Während der siebzig oder achtzig Jahre unseres Lebens tragen wir in unserem Inneren tote Schichten in unserem Seelenwesen. Es gibt Dinge, die unserem seelischen und moralischen Dasein fehlen. Der *Abwesenheit* von Glauben, Hoffnung und Liebe kann man durch keine Argumente, keine Ermahnungen und auch nicht durch das lebendige Beispiel abhelfen. Es bedarf einer Handlung der göttlichen Magie – oder der Gnade –, um dem, was tot ist, Leben *einzuflößen*.

Wenn Christus als der Auferstandene verehrt wird, geschieht es, weil diejenigen, die in sich den

Tod tragen, wissen, daß nur die göttliche Magie auferwecken kann, was in ihnen erstorben ist, und daß der auferstandene Christus dafür die Bürgschaft ist.

* * *

»Nun hoben sie den Stein weg... (Jesus) *rief mit lauter Stimme: ›Lazarus, komm heraus!‹* Da kam der Verstorbene heraus, Füße und Hände in Binden gewickelt, und sein Gesicht war mit einem Schweißtuch umbunden« (Joh 11,5 35–38f 43f).

Da haben wir die *Kraft des Zurückrufens* auf ihrer vollständigsten, höchsten Stufe. Es ist die *Liebe:* Denn »Jesus liebte Martha und ihre Schwester und Lazarus«.

Das »Rufen mit lauter Stimme« ist die höchste und letzte Anstrengung, wenn man durch die Kraft der Liebe zurückruft, sei es ins Leben, wie es bei Lazarus der Fall war, sei es ins Gedächtnis, wie es beim Zurückrufen in das vertikale und moralische Gedächtnis der Fall ist.

* *

Eine Stimme ist um so lauter, d.h. um so hörbarer in der physischen Welt, je intensiver die Vibrationen sind, die sie in der Luft erzeugt.

Anders verhält es sich damit in der geistigen Welt. Dort ist eine Stimme um so hörbarer, d.h. um so lauter, je mehr sie von der zugrunde liegenden *Bemühung* und dem zugrunde liegenden *Leiden* ausdrückt. *Arbeit* und *Leiden* sind es, die unsere Stimme hörbar machen für die geistige Welt und in der geistigen Welt. Sie rufen in der geistigen Welt die genügend »starken Vibrationen« hervor, um unsere Stimme hörbar zu machen. Das ist der Grund, warum der dreifache Rosenkranz hunderfünfzigmal das Ave Maria und fünfzehnmal das Vaterunser wiederholt. Denn wie das Leiden das Stoßgebet eines einzigen Wortes, z. B. »Jesus!«, hörbar macht, macht die *Bemühung* die Bitten des dreifachen Rosenkranzgebetes hörbar. Ich würde es an Respekt vor der Wahrheit fehlen lassen, wenn ich nicht sagte, daß die auf *Leiden* begründete *Bemühung* des Rosenkranzgebetes daraus ein mächtiges, manchmal fast allmächtiges Mittel der geheiligten Magie macht.

*

Nicht Phantome und Gespenster sind die Quelle der Gewißheit des Überlebens, der Unsterblichkeit. Ihre Quelle findet sich anderswo. Wo also? – In der Erfahrung des menschlichen Wesenskernes und seiner Beziehung zum Hauch, zum Licht und zur Wärme Gottes.

Die Gewißheit der Unsterblichkeit rührt von der erfahrenen Teilhabe an demjenigen her, was innerlich unzerstörbar und unvergänglich, also unsterblich ist. Wer die Erfahrung seines Wesenskernes gemacht hat, d. h., wer einmal *wahrhaft er selbst* gewesen ist, durchströmt vom Göttlichen Hauch, gebadet in das Göttliche Licht und glühend von Göttlicher Wärme, der *weiß*, was Unsterblichkeit ist und daß er unsterblich ist. Sie könnten ihm noch so sehr die »epiphänomenale Natur« des Bewußtseins [als reine »Begleiterscheinung«] erklären, d. h., daß das Bewußtsein nur die Funktion des Gehirns und des Nervensystems ist und daß es dem Regenbogen gleicht – ein Farbenspiel aufgrund der Brechung und der Widerspiegelung der Sonnenstrahlen auf den Wolken; Sie können all das sagen – er wird nicht im geringsten daran zweifeln, daß das alles falsch und das Gegenteil wahr ist. Er würde vielleicht keine *für Sie* gültigen Gründe gegen den Epiphänomenalismus finden, aber *er* hatte sie auch nicht nötig. Denn nicht den Argumenten verdankt er seine Gewißheit, sondern der Erfahrung.

* *

Die Gewißheit der Unsterblichkeit kann *absolut* sein, d. h. weder von Richtigkeit oder Unrichtigkeit von Argumenten noch von gut oder schlecht bezeugten äußeren Tatsachen abhängen. Und sie ist dies in der Tat, wenn der Mensch die Erfahrung seines eigenen Wesenskernes und dessen essentieller Beziehung zu Gott gemacht hat.

DIE MÄSSIGKEIT

Das Arcanum der Inspiration

Das Kartenbild des vierzehnten Großen Arcanums des Tarot stellt uns einem Engel in halb rotem, halb blauem Gewand gegenüber, der eine sonderbare Handlung ausführt – oder die Ausführung leitet: er läßt farbloses Wasser von einem Gefäß in ein anderes fließen oder vielmehr zwischen zwei Gefäßen fast horizontal, im Winkel von 45° sprudeln, wobei die Gefäße in einer beträchtlichen Entfernung voneinander gehalten werden.

Also ein intellektueller Schock. Also ein *Arcanum* – etwas, das man erfassen und lernen muß oberhalb der gewohnten Ebene der Erfahrung und des Denkens. Eine Einladung also zu einer tiefen Meditation, zu einer geistigen Übung.

* * *

Es gibt hauptsächlich drei Arten echter geistiger Erfahrung: die *Vision* (oder Imagination), die *Inspiration* und die *Intuition* oder, mit anderen Worten, die *Wahrnehmung* geistiger Phänomene, die geistige *Kommunikation* und die geistige *Identifikation*. Die Vision läßt die geistigen Dinge vor uns erscheinen und zeigt sie uns, die Inspiration flößt uns das Verständnis für sie ein, und die Intuition offenbart uns deren Wesen durch Angleichung an unser Wesen....

Die Vision vermehrt die Erfahrung, die Inspiration vermehrt die Erkenntnis und das Verständnis, und die Intuition ist die Umwandlung und das Wachstum nicht mehr dessen, was man erfährt und was man versteht, sondern dessen, was man *ist*. Durch die Intuition *wird* man ein anderer, durch die Inspiration lernt man neue Arten des Denkens, Fühlens und Handelns, und durch die Vision erweitert man den Bereich seiner Erfahrung – man erfährt die Offenbarung von neuen Tatsachen, die den Sinnen und dem verstandesmäßigen Erdenken unzugänglich sind.

In der Praxis ist es nicht so, daß Vision, Inspiration und Intuition aufeinanderfolgende Stufen sind in der Reihenfolge: Vision, Inspiration, Intuition. Denn es gibt geistige Menschen, die nur die Erfahrung der Intuition besitzen; andere wiederum sind nur inspiriert, ohne jemals Visionen zu haben. Welches auch die Reihenfolge dieser Arten von geistiger Erfahrung ist, letztlich handelt es sich immer um das *Werden*, d.h. um die Intuition. So kann man sagen, daß *grundsätzlich* Vision und Inspiration nur Mittel sind, um zur Intuition zu gelangen.

* * *

Das vierzehnte Arcanum des Tarot ist die geistige Übung, die der Inspiration gewidmet ist.

Wie aus jeder echten Inspirationserfahrung hervorgeht, *tritt* die Inspiration nicht einfach *ein,* wie es bei der Vision der Fall ist. Die Inspiration ist aber auch nicht das Ergebnis sämtlicher Anstrengungen an Verzicht, Abtötung und restloser Selbstverleugnung, wie im Falle der Intuition, sondern vielmehr ein *Zusammenwirken,* eine aufeinander abgestimmte Tätigkeit des höheren und des niederen Ich. Sie ist in ihrem Wesen ein aus zwei Gefäßen gleichzeitig hervorfließender Strom.

* *

Der Rationalismus des 18. Jahrhunderts hatte behauptet: »Was klar ist, ist wahr«, woran sich die entsprechende Formulierung anknüpfen läßt: »Was nicht klar ist, ist nicht wahr.«

Nun haben wir diese beiden Formeln bewußt oder instinktiv von dem Jahrhundert geerbt, in dem das Denken »modo geometrico« das Ideal war. Gewiß glauben wir nicht mehr, daß *alles,* was klar ist, wahr sei; aber wir postulieren dennoch, daß, was wahr ist, gleichzeitig klar sei. Die Wahrheit, fordern wir, soll Klarheit in sich tragen.

Von diesem Prinzip geleitet, bestreben wir uns, *präzise* zu sein, d.h. klare Linien zu ziehen um den

Gegenstand, der uns beschäftigt. Aber indem wir es tun, bringen wir einen intellektuell *eingefaßten* Raum zustande – der zwar klar, aber durch eine Einfassung von dem großen Strom der Wahrheit getrennt ist; er ist nur ein Tropfen daraus, dessen wir uns bemächtigt haben. Der Tropfen ist wohl klar, aber er ist nur ein aus dem Strom, d. h. aus dem großen Zusammenhang der Wahrheit, herausgeholter Tropfen. Wenn wir das verstanden haben, können wir dahin gelangen, auf eine andere Art zu denken. Wir können versuchen, *mit dem Strom zu denken,* d. h. nicht mehr *allein* zu denken, sondern zusammen mit einem anonymen »Chor« von Denkern oben und unten, von gestern und morgen.

»Ich denke« macht dann Platz für *»Es denkt«*.

Dieses »Zusammendenken« ist zugleich aktiv und passiv. Es ist aktiv, insoweit Sie denken, und es ist passiv, insoweit »Etwas« mit Ihnen denkt. Es gibt *zwei Gefäße,* woraus das Denken rinnt – das Ihrige und noch ein anderes. Und das ist genau der Seelenzustand, dessen es bedarf, um Inspirationen zu haben. Das Arcanum der Inspiration des vierzehnten Arcanums des Tarot ist dasjenige von *zwei Quellen* und von *zwei* gleichzeitigen Strömen des Denkens, die sich vermischen, vereinen und die echte *Inspiration* bilden.

* *

Es gibt in Wahrheit keine Technik im intimen und geistigen Bereich der Inspiration – ebenso wie sie nicht in den Bereichen der Vision und der Intuition besteht. Alles ist dort seinem Wesen nach *moralisch.* Denn um »zusammenzudenken«, bedarf es vor allem einer Sache, nämlich der *Demut*. Im Denken, um »zusammenzudenken«, muß ich mich vor einer höheren Intelligenz als der meinen neigen – und dies nicht in allgemeinen Ausdrücken und auf eine abstrakte Art, sondern vielmehr konkret durch Abtreten des »ausschließlichen Urheberrechts« an den anonymen Mitdenker. »Zusammendenken« bedeutet: *auf den Knien denken,* sich demütigen vor dem anderen, abnehmen, damit er wachse. Das ist das Denk-Gebet oder das Gebetsdenken.

Weder die Konzentrationsübungen des Raja-Yoga noch die Atemübungen oder andere Übungen des Hatha-Yoga werden uns zu Inspirierten machen.

Die geistige Welt ist nun einmal eine moralische. Und die Inspiration ist die Frucht der Demut im Bemühen und des Bemühens in Demut. »Ora et labora – Bete und arbeite« ist also der Schlüssel zur Pforte der Inspiration, wie zu vielen anderen Pforten auch.

*

Hunger und Durst nach der Wahrheit – die Gott, die Welt und die Menschheit umfaßt – sind aber die Grundlage für die Inspiration, die unter das Gesetz des »Bete und arbeite« fällt. Auch der Hermetiker wird nicht inspiriert, wenn er nicht demütig ist. Aber er wird ebensowenig inspiriert, wenn er nicht die Kunst lernt, sich selbst zu vergessen, wer immer er sei: bescheiden oder anmaßend, unschuldig oder Sünder – getrieben von Hunger und Durst nach der Wahrheit Gottes, der Welt und der Menschheit.

Man muß zu *fragen* wissen und zu *fragen* wagen und dabei seine Demut und seine Anmaßung vergessen. Kinder wissen und wagen zu fragen. Sind sie anmaßend? Nein, weil jede Frage, die sie stellen, zugleich ein Eingeständnis ihrer Unwissenheit ist. Sind sie demütig? Sie sind es insoweit, als sie ihre Unwissenheit wissen und fühlen; und sie sind es nicht, insofern sie von Hunger und Durst nach Wissen und Verstehen getrieben sind bis zu dem Punkt, wo sie sich selbst vergessen – sich selbst und alle Bescheidenheit und Anmaßung in ihnen. Darin ahmt der Hermetiker das Kind nach. Er will das »Wer«, das »Was«, das »Wie« und das »Warum« des Lebens und des Todes wissen, des Guten und des Bösen, der Schöpfung und der Evolution, der Geschichte und der menschlichen Seele --- Die Leute der Naturwissenschaft, deren Haare in Studium und Forschung grau geworden sind, haben diese Fragen aufgegeben – die »kindischen Fragen«, wie sie sagen. Sie begnügen sich mit einer einzigen Frage, der des technischen »Wie«. Das »Warum«, das »Was«, ganz zu schweigen vom »Wer« – diese vorwissenschaftlichen Fragen überlassen sie der Theologie und der schönen Literatur ---

Wir Hermetiker indessen haben das ganze Repertoire der Fragen unserer Kindheit bewahrt – nach dem »Was«, dem »Wie«, dem »Warum« und sogar dem »Wer«.

Sind wir zurückgeblieben? Sind wir den anderen voraus? Gleichgültig ob zurückgeblieben oder fortgeschritten, wir haben den Hunger und den Durst nach Wissen und Verständnis unserer Kindheit lebendig erhalten, und sie bringen uns zum Fragen nach Dingen, nach denen die reifen Menschen der zeitgenössischen Zivilisation nicht mehr fragen.

Der Schutzengel *unterstützt* die Anstrengung, das Suchen und das Streben der Seele, die sich auf diesen Weg begeben hat. Das bedeutet, daß er die Lücken im seelischen funktionalen Organismus schließt, die die Folge der Entstellung des »Gleichnisses« sind, und daß er daher seine Schwächen ergänzt, wenn *die Seele selbst guten Willens* ist. Denn *Unterstützen* bedeutet niemals das Vertauschen des Willens des Engels mit dem des Menschen. Der Wille bleibt immer und überall frei. Der Schutzengel rührt niemals an den freien Willen des Menschen und fügt sich darein, den Entschluß oder die Wahl abzuwarten, die im unverletzbaren Heiligtum des freien Willens getroffen werden, um ihnen alsbald seine Hilfe zu leihen, wenn sie gerecht sind – oder um passiver Beobachter zu bleiben, der sich allein auf das Gebet beschränkt, wenn sie es nicht sind.

* *

Der Schutzengel gesellt sich als treuer Verbündeter dem göttlichen Ebenbild im Menschen zu, ebenso wie sich die lasterhaften Neigungen dem funktionalen menschlichen Organismus zugesellt haben, der vor dem Fall das göttliche Gleichnis war. Er nimmt sich der Funktionen im »Gleichnis« an, die durch die Erbsünde zerstört worden sind, und füllt so die entstandene Lücke aus. Er setzt sich selbst an die Stelle der durch den Sündenfall zerstörten Funktionen ...

Er ist der »flammende Stern«, das leuchtende Pentagramm über dem Menschen. *Er hütet die Erinnerung,* d.h. die Kontinuität der großen Vergangenheit in der Gegenwart, die die Vorbereitung für die große Zukunft ist. Der Schutzengel wacht darüber, daß es eine Verbindung gibt zwischen den großen Gestern, Heute und Morgen der menschlichen Seele. Er ist ein ständiges »Memento« der ursprünglichen Gottähnlichkeit, der ewigen Aufgabe, die der Seele in der kosmischen Symphonie zugewiesen ist, und der Wohnung der Seele im Hause des Vaters, wo »viele Wohnungen sind« (Jo 14,2).

* *

Die Schutzengel sehen die Sphäre der Menschen oder vielmehr die Sphären ihrer Schützlinge. Dort verfügen sie über jene Hellsichtigkeit, deren der Mensch, der diese verloren hat, zu seinem Schutz bedarf. Dort auch entfalten die Engel die Genialität des zusammenfassenden und tiefen Verstehens ohnegleichen, die ihnen von seiten der Menschen als Attribut »allwissend« eingebracht hat. Sie sind nicht allwissend, aber die Leichtigkeit, mit der sie sich in menschlichen Dingen orientieren und sie erfassen – bei deren Berührung ihre dunkle göttliche Weisheit aufleuchtet –, hat die Menschen, die die Erfahrung der bewußten Begegnung mit ihnen gemacht haben, so stark beeindruckt, daß sie dazu kamen, sie als allwissend zu betrachten. Die Grundbedeutung des Wortes »Genie« geht zurück auf den Eindruck, den man von den Engeln gehabt hat, nämlich den einer übermenschlichen Intelligenz.

Doch diese Genialität glänzt nur auf – und das ist die tragische Seite der engelhaften Existenz –, wenn der Mensch ihrer bedarf, wenn er der Rückstrahlung ihres Lichtes Raum gibt. Der Engel hängt in seiner schöpferischen Tätigkeit vom Menschen ab. Wenn der Mensch ihn nicht bittet, wenn er sich von ihm abwendet, hat der Engel keinerlei Beweggrund für eine schöpferische Aktivität.

* *

Denken Sie also, lieber Unbekannter Freund, an den Schutzengel, denken Sie an ihn, wenn Sie vor Problemen stehen, wenn Sie Fragen zu lösen, Aufgaben zu erfüllen, Pläne zu fassen, Sorgen und Befürchtungen zu beschwichtigen haben! Denken Sie an ihn wie an eine leuchtende Wolke der mütterlichen Liebe über Ihnen, die nur von dem einzigen Wunsch bewegt ist, Ihnen zu dienen und Ihnen behilflich zu sein. Lassen Sie keine wenn auch gutgemeinten Skrupel in sich aufkommen, daß sich durch das Herbeirufen des Schutzengels zwischen Sie und Gott eine Wesenheit einschaltet, die nicht Gott ist, und daß Sie damit die Sehnsucht nach dem *unmittelbaren* Kontakt zwischen der Seele und Gott, nach der direkten und echten Berührung mit Gott ohne Vermittler preisgeben! Denn niemals wird sich der Schutzengel in der Absicht zwischen Ihre Seele und Gott stellen, die Erlebnisse des Hohenliedes der Liebe zwischen Ihrer Seele und Gott auch nur im geringsten zu beeinträchtigen! Er kennt keine andere Sorge, als diese unmittelbaren und echten Berührungen möglich und Ihre Seele für sie geneigt zu machen – und er zieht sich sofort zurück, wenn sein Herr und der Ihrige sich Ihrer Seele nähert. Der Schutzengel ist die Freundin der Gattin bei der geistigen Hochzeit der Seele mit Gott. Ebenso wie der Freund des Gatten, der »den Weg des Herrn bereitete und seine Pfade ebnete«, dem Gesetz des Freundes des Gatten gehorchte, das da lautet: »Er muß wachsen, und ich muß abnehmen«, ebenso gehorcht die Freundin der Gattin, die den Weg des Herrn bereitet und seine Pfade ebnet, demselben Gesetz.

DER TEUFEL

Das Arcanum der Gegen-Inspiration

Bevor wir die Meditation über das Arcanum der Gegen-Inspiration beginnen, ist es notwendig, daß wir uns Rechenschaft geben über den wesentlichen Unterschied zwischen der Meditation über die anderen Arcana und der über das Arcanum »Der Teufel«.

Da es sich im Tarot um eine Reihe geistiger und hermetischer Übungen handelt und da es andererseits die Tendenz jeder geistigen Übung ist, zu einer Identifikation des Meditierenden mit dem Gegenstand der Meditation zu führen, d.h. zu einem Akt der *Intuition,* kann und darf das fünfzehnte Arcanum als geistige Übung nicht zu einem Erlebnis der Identifikation des Meditierenden mit dem Gegenstand der Meditation führen.

Es darf nicht zur Intuition des Bösen kommen, da Intuition Identifikation ist, und Identifikation *Kommunion.*

Unglücklicherweise haben viele okkultistische und andere Autoren ohne weitere Überlegung tiefe Dinge sowohl des Guten als auch des Bösen behandelt. Sie glaubten, »ihr Bestes geben« zu müssen an

Scharfsinn und Tiefe in der gleichen Behandlung der Mysterien des Guten und der Geheimnisse des Bösen. So schleuderte Dostojewski gewisse tiefe Wahrheiten des Christentums und zugleich gewisse geheime praktische Methoden des Bösen in die Welt. Das ist vor allem der Fall in seinem Roman »Die Dämonen«.

* *

Man kann nur das tief, d.h. intuitiv, erfassen, was man liebt. Die Liebe ist das Lebenselement der tiefen Erkenntnis, der intuitiven Erkenntnis. Nun kann man das Böse nicht lieben. Das Böse ist also in seinem Wesenskern unerkennbar. Mann kann es nur *aus der Entfernung verstehen, als Beobachter* seiner Phänomenologie.

* *

Die Welt des Bösen ist eine *chaotische Welt.* Wenigstens so, wie sie sich dem Beobachter darbietet.

Man soll diesen Dschungel nicht betreten, um sich nicht in ihm zu verirren; man soll ihn von außen beobachten.

* * *

Der »Teufel« auf dem Kartenbild ruft keine Vorstellungen hervor, die sich auf das kosmische Drama des Falles des »schützenden Cherub vom Berge Gottes« beziehen und auch nicht auf den »feuerroten Drachen«, der dem Erzstreiter Michael und seinen himmlischen Heerscharen eine Schlacht liefert. Die Vorstellungen, die das Kartenbild in seinem Zusammenhang hervorruft, sind vielmehr die der Sklaverei, in der sich die beiden Personen befinden, die an den Sockel eines mißgestalteten Dämons gebunden sind. Das Bild bringt nicht die Metaphysik des Bösen nahe, sondern vielmehr die eminent praktische Belehrung, wie es dazu kommt, daß Wesen ihre Freiheit verwirken und zu Sklaven einer mißgestalteten Wesenheit werden können, einer Wesenheit, die sie degenerieren und ihr ähnlich werden läßt.

*

Das Thema des fünfzehnten Arcanums des Tarot ist das der *Erzeugung* von Dämonen und der Macht, die sie über ihre Erzeuger haben. Es ist das Arcanum des Hervorbringens künstlicher Wesen und der Versklavung, in die der Erzeuger gegenüber seinem eigenen Geschöpf geraten kann.

Um dieses Arcanum zu verstehen, muß man sich zuerst über die Tatsache Rechenschaft ablegen, daß die Welt des Bösen nicht nur aus den gefallenen Wesenheiten der himmlischen Hierarchien (mit Ausnahme der Seraphim) besteht, sondern auch aus Wesenheiten *nichthierarchischen* Ursprungs, d.h. aus Wesen, die ihren Ursprung dem Mißbrauch des freien Willens autonomer Schöpfer verdanken....

Diese sind Dämonen, deren Seele eine besondere Leidenschaft ist und deren Körper aus der Gesamtheit der »elektro-magnetischen« Vibrationen besteht, die von dieser Leidenschaft hervorgebracht werden. Diese künstlichen Dämonen können durch menschliche Kollektivitäten erzeugt werden – wie manche mißgestalteten phönizischen, mexikanischen und, in unserer Zeit, tibetanischen »Götter«. Der in der Bibel so oft erwähnte kanaanitische Moloch, der das blutige Opfer der Erstgeborenen forderte, ist keineswegs ein hierarchisches Wesen, weder des Guten noch des Bösen, sondern vielmehr ein übler Egregor, d.h. ein künstlicher Dämon, kollektiv erzeugt durch menschliche Gemeinschaften, die ergriffen waren vom Schauder des Schreckens. Dasselbe gilt von Quetzacoatl in Mexiko. Auch da handelt es sich um einen kollektiv geschaffenen und angebeteten Dämon.

* * *

Was Tibet betrifft, so finden wir dort das eigenartige Phänomen der bewußten – beinahe »wissenschaftlichen« – Praxis der Erschaffung und der Zerstörung von Dämonen. In Tibet, scheint es, kennt man das *Arcanum*, das uns beschäftigt, und man praktiziert es als eine Methode der okkulten Übung des Willens und der Vorstellungskraft.... Ziel dieser Übung ist es also, zum Unglauben gegenüber Dämonen hinzuführen, *nachdem man sie* durch die Vorstellungskraft *erschaffen* und sich unerschrocken ihren fürchterlichen Erscheinungen gegenübergestellt hat.

* *

Wie werden die Dämonen erzeugt?

Wie jede Zeugung ist die der Dämonen das Ergebnis des Zusammentreffens des männlichen und des weiblichen Prinzips, d.h. im Falle der Zeugung durch das Seelenleben eines Menschen, das Zusammentreffen des *Willens* und der *Einbildungskraft*. Ein perverses oder widernatürliches Begehren, gefolgt von der entsprechenden Phantasie, bilden zusammen den Akt der Zeugung eines Dämons.

Die beiden an den Sockel der Zentralfigur des Kartenbildes des fünfzehnten Arcanums gefesselten

Gestalten, die eine männlich und die andere weiblich, sind also durchaus keine Kinder oder Geschöpfe dieser zentralen Figur – des Dämons –, wie man angesichts ihrer kleinen Gestalt im Vergleich zur Größe der Gestalt des Dämons zu glauben versucht ist, sondern im Gegenteil: sie sind die Eltern des Dämons, die zu Sklaven ihres eigenen Geschöpfes geworden sind. Sie stellen den perversen Willen und die widernatürliche Einbildungskraft dar, die den Zwitter-Dämon ins Leben gerufen haben, dieses dem Begehren und der Einbildungskraft entsprungene Wesen, das die Kräfte beherrscht, die es erzeugt haben.

*

Was die kollektiv bewirkte Zeugung angeht, so ist der Dämon – der in diesem Fall »Egregor« heißt – gleicherweise das Ergebnis von Willens- und Einbildungskraft, die in diesem Falle kollektiv sind.

* *

Wir, die wir die Erfahrung jenes Dämons gemacht haben, der durch einen kollektiven, von nationalem Ehrgeiz begeisterten Willen erzeugt wurde und der seine Ideen aus der Biologie schöpfte – des nationalsozialistischen Dämons oder Egregors –; wir wissen dank unserer Erfahrung aus erster Hand, welch schreckliche Macht unserem Willen und unserer Einbildungskraft innewohnt und welche Verantwortlichkeit sie für diejenigen mit sich bringt, die diese Macht in der Welt entfesseln! Wie wahr ist es doch, daß, wer Wind sät, Sturm ernten wird! Und welchen Sturm!

Wir Menschen des 20. Jahrhunderts wissen, daß die »großen Pestilenzen« unserer Tage die »Egregore« der »ideologischen Überbauten« sind, die die

Menschheit weit mehr an Menschenleben und an Leid gekostet haben als die großen Epidemien des Mittelalters.

* * *

Nun ist es immer das Übermaß, das aus dem *Rausch* des Willens und der Einbildungskraft hervorgeht, das Dämonen erzeugt. Wenn Marx und Engels nur die Interessen der Industriearbeiter verteidigt hätten, ohne sich durch ihre berauschte Einbildungskraft zu Aussagen von universaler geschichtlicher, ja selbst kosmischer Tragweite hinreißen zu lassen, wie der, daß Gott nicht existiert, daß jede Religion nur »Opium fürs Volk« und jede Ideologie nur Überbau auf der Basis materieller Interessen sei – und das immer und überall – dann hätten sie einen Beitrag zur Tradition geliefert, denn die Sorge für die Gerechtigkeit und für das Wohlbefinden der Armen gehört zu der christlichen, jüdischen, islamischen, buddhistischen, brahmanischen und humanistischen Tradition als Teil ihres Wesens. Mitgerissen von der Empörung – nicht ohne Noblesse des Herzens – und von der Bitternis der Enttäuschung über die herrschenden Klassen – nicht ohne erfahrungsmäßige Grundlage – warfen sie alles in einen Topf: Gott, die Bourgeoisie, das Evangelium, den Kapitalismus, die Bettelorden, die industriellen Monopole, die idealistischen Philosophen und die Bankiers --- und erklärten all das schlechthin für Ausschußware der Geschichte des Menschengeschlechtes. Ohne Zweifel handelt es sich hierbei um eine Überschreitung der Zuständigkeit und der Grenzen des nüchternen und redlichen Wissens, was sie keineswegs ahnten, da sie von dem berauschenden Impuls des Radikalismus mitgerissen waren, d.h. vom Fieber des Willens und der Einbildungskraft, alles mit einem Schlag von Grund auf zu ändern. Und dieses Fieber des Begehrens, alles mit einem Schlag von Grund auf zu ändern, erzeugte den Dämon des Klassenhasses, des Atheismus, der Geringschätzung der Vergangenheit und des über alles gesetzten materiellen Interesses – den Dämon also, der jetzt in der Welt umgeht.

* *

»Schweigen« ist die Klugheit des vierzehnten Arcanums des Tarot, die dem Rausche entgegengesetzt ist, dessen Wesen und Gefahren das fünfzehnte Arcanum des Tarot enthüllt. Die Inspiration der »Klugheit« kann verkehrt werden in den Rausch des »Teufels«. Die auf die Erleichterung des Schicksals der Armen und Unterdrückten und auf die Wiederherstellung der sozialen Gerechtigkeit hinzielende Inspiration kann – wie es bei Marx und Engels der Fall war – sich in den Rausch des Radikalismus verwandeln, d.h., sie kann zum fiebernden Willen und zur fiebernden Einbildungskraft werden, alles mit einem Schlag von Grund auf ändern zu wollen. Das ist die Beziehung zwischen der Inspiration des Engels des vierzehnten Arcanums und der Erzeugung des Dämons des fünfzehnten Arcanums. Die Geschichte des Menschengeschlechtes liefert zahlreiche Beispiele der Umwandlung einer anfänglichen Inspiration der Klugheit in eine spätere Dämonen erzeugende Berauschtheit.

*

Die Beziehung zwischen dem vierzehnten und dem fünfzehnten Arcanum erklärt, wie die Religion der Liebe zu den Scheiterhaufen der Inquisition hatte Anlaß geben können, wie die Idee der hierarchischen Zusammenarbeit in der Menschheit zum System der Kasten oder zum Klassenkampf wurde, wie die wissenschaftliche Methode sich in ein materialistisches Dogma verwandelte und wie die Tatsachen der biologischen Evolution den Lehren von der wesentlichen Ungleichheit der Rassen und von der Überlegenheit bestimmter Nationen als Basis dienen konnten.

Diese Liste ists keineswegs vollständig, aber sie genügt, um die praktische Tragweite der Beziehung zwischen dem vierzehnten und dem fünfzehnten Arcanum des Tarot zu zeigen. Es ist die Beziehung zwischen Inspiration und Gegen-Inspiration.

DAS GOTTHAUS

Das Arcanum des Bauens

Die Erzählung der Genesis stellt dem Geist des Lesers mit magischer Kraft die Tatsachen der spirituellen Geschichte der Welt und der Menschheit vor Augen …

Nach der Genesis wurde die Menschheit in einen Garten versetzt, »um ihn zu *pflegen* und um ihn zu *hüten«*. Das bedeutet, daß die Morgenröte der Menschheit weder in der *Wüste* stattfand, wo nichts geschieht, noch im *Dschungel,* wo alles ohne ordnende und leitende Kontrolle des Geistes sproßt und wächst, noch unter den Bedingungen einer Siedlung oder *Stadt,* wo nichts sprießt und wächst, sondern alles durch den ordnenden und leitenden Geist geschieht und gemacht wird. »Garten« ist also der Zustand der Welt, wo es Zusammenarbeit und Gleichgewicht zwischen Geist und Natur gibt, während »Wüste« der Zustand unbeweglicher Passivität sowohl der Natur als auch des Geistes ist. »Dschungel« ist der Zustand der bloßen Tätigkeit der Natur, und »Stadt« derjenige der alleinigen Tätigkeit des Geistes.

* *

Halten wir hier einen Augenblick inne, lieber Unbekannter Freund, um Atem zu schöpfen, den Atem, den uns die großartige Bedeutung dieses gedrängten und lapidaren Wortlautes der Genesis verschlagen hat. Die ursprüngliche und ewige Aufgabe der Menschheit ist also, den »Garten« zu pflegen und zu hüten, d.h. die Welt im Zustand des Zusammenwirkens und des Gleichgewichts zwischen Geist und Natur zu erhalten! Welch inhaltsreiche Welt ist als Keim in diesem Wortlaut enthalten! Welches geistige, moralische, praktische, mystische, gnostische und magische Licht leuchtet auf, wenn man Geist und Herz für die Berührung dieses Keims öffnet!

Man begreift dann unmittelbar, daß man weder *tun* noch geschehen lassen soll, weder Gedankensysteme errichten noch jeden Gedanken ohne Kontrolle durch den Kopf gehen lassen, weder sich Übungen der okkulten, asketischen oder mystischen

Schulung hingeben noch auf ständiges und fortgesetztes Bemühen verzichten soll, daß man also arbeiten und wachsen lassen, denken und das Wachstum und Reifen des Gedankens abwarten soll.

* *

Das ist das Wesen und die Aufgabe der Hermetik, die die in den Untergründen unserer Seelen wirkende Erinnerung an die ursprüngliche und ewige Aufgabe der Menschheit ist – die Aufgabe, den unvergeßlichen Garten der Morgenröte der Menschheit zu pflegen und zu hüten. Es gibt »Bäume« zu pflegen und zu behüten in diesem Garten – Methoden oder Wege der Vereinigung von Erde und Himmel – den Regenbogen des Friedens zwischen dem, was unten und dem, was oben ist. Indien nennt diese Methoden oder Wege der Vereinigung »Yoga«.

* *

Für uns christliche Hermetiker, die wir die »Bäume« oder »Yogas« des Gartens pflegen und hüten wollen, sind diese in den »sieben Säulen des Hauses, das die Weisheit gebaut hat«, gegeben, d.h. in den sieben »Tagen« der Schöpfung (darunter der Sabbat), den sieben Wundern im Evangelium des hl. Johannes, den sieben »Ich bin«-Worten Jesu Christi und den sieben Sakramenten der Kirche.

Das sind die »Bäume« des Gartens, den wir pflegen und hüten, d.h. die Mysterien die Vereinigung dessen, was unten ist, mit dem, was oben ist.

* * *

Im *Willen* fand die Ursünde statt und verursachte den Fall. Die Genesis beschreibt diese Sünde des Willens als das Begehren, sich die Erkenntnis des

Guten und des Bösen anzumaßen, zu werden »wie Götter«.

Die Genesis beschränkt sich jedoch nicht auf die erste Stufe des Falles im Paradies, obwohl diese die entscheidende ist, sondern fügt noch drei weitere hinzu, nämlich den *Brudermord des Kain, die Erzeugung der Riesen* und *den Turmbau zu Babel.*

Obwohl diese drei weiteren Stufen nur die beinahe logische Entwicklung des im Paradies begangenen Sündenfalles sind, sind sie nichtsdestoweniger neue Stufen in bezug auf die *Verwirklichung* des Sündenfalls im *irdischen* Bereich der Geistesgeschichte der Menschheit.

* *

Das Bauwerk des Turmes zu Babel der Genesis ist das Urphänomen, das im Keim alle künftigen Tendenzen der Geschichte des Menschengeschlechtes enthält, den Himmel mit auf der Erde erworbenen und entwickelten Kräften zu erobern.

* *

Wie der Turmbau zu Babel die Zusammenfassung der vorhergehenden Stufen der Sünde ist – der Auflehnung und des Gigantismus –, so ist die Auswirkung des Turmbaus zu Babel – der Blitz, der die Erbauer zerstreute und ihre Sprache verwirrte – die Zusammenfassung der Auswirkungen der beiden vorhergehenden Sünden. Darum, scheint es, zeigt das sechzehnte Kartenbild der Großen Arcana des Tarot nur den vom Blitz getroffenen Turm und sieht dabei von der Sintflut und der Verbannung des Kain ab. Denn der vom Blitz getroffene Turm genügt, um dem ernsthaft Meditierenden das umfassende *Arcanum* von der Beziehung zwischen *Wille und Schicksal* zu offenbaren – zwischen dem, was man will, und dem, was geschieht.

* *

So wird derjenige, der einen »Turm baut«, um die Offenbarung des Himmels durch das zu ersetzen, was er selbst angefertigt hat, vom »Blitz« getroffen werden, d. h., ihm wird die Demütigung zuteil, auf seine eigene Subjektivität und die irdische Wirklichkeit zurückgeworfen zu sein.

* * *

Wir wiesen soeben darauf hin, daß das Gesetz des »Turmbaus zu Babel« universal ist, d. h., daß es sowohl in der individuellen als auch in der Menschheitsbiographie wirkt – und sogar in der der anderen Hierarchien. Das Wesentliche dieses Gesetzes ist, daß alle autonome Tätigkeit von unten unvermeidlich der göttlichen Wirklichkeit von oben begegnet. Was man durch autonome Bemühung des niederen »Ich« gebaut hat, wird früher oder später der göttlichen Wirklichkeit gegenübergestellt werden und den Vergleich mit ihr aushalten müssen.

*

Das Gesetz – oder das Arcanum des »Turms zu Babel« – bekundet sich zum Beispiel in der Tatsache des *Fegefeuers* nach dem Tode. Denn jeder Mensch, der nicht ein Heiliger oder vollendeter Gerechter ist, baut eine Art eigenen »Turm zu Babel«. Seine Handlungen, Meinungen und autonomen oder persönlichen Bestrebungen bilden eine »private Welt«, die er errichtet hat und die er nach seinem Tode mit sich in die geistige Welt trägt. Diese subjektive Welt muß die

Prüfung der Begegnung mit der transsubjektiven geistigen Wirklichkeit über sich ergehen lassen – den *Blitz.* Und diese Begegnung der Subjektivität mit der geistigen Wirklichkeit ist das Wesentliche des Zustandes nach dem Tode, der unter dem Namen »Fegefeuer« bekannt ist.

Das Fegefeuer ist also der Zustand der Seele, die die Handlungen, Meinungen und Bestrebungen ihres vergangenen Lebens unter dem wahren Licht des transsubjektiven Bewußtseins sieht. Niemand richtet sie; sie selbst richtet sich im Licht des voll erwachten Gewissens.

* *

Das Fegefeuer als Weg der Läuterung, der der Erleuchtung und der mystischen Vereinigung vorausgeht; die großen historischen Ereignisse, die die Menschheit zum Neubeginn zwangen, und die Begebenheiten in den Biographien von Menschen, die durch einen Blitzschlag zu Boden geworfen wurden, um sich davon wieder zu erheben, sei es erleuchtet, wie Saulus von Tarsus, sei es geistig zerrüttet wie Nietzsche – all diese scheinbar so unterschiedlichen Vorkommnisse sind verschiedene Manifestationen eines und desselben Gesetzes bzw. desselben Arcanums – des *»vom Blitz getroffenen Turmes.«*

Dieses Gesetz bildet das Thema des »Magnificat«, wo es heißt:

»Er hat ... zerstreut die Hochmütigen in ihres Herzens Sinne. Gewaltige hat er vom Thron gestürzt und Niedrige erhöht. Hungrige hat er erfüllt mit Gütern und Reiche leer davongeschickt« (Lk (1,51 ff).

Das ewige Gesetz des »Tumbaus zu Babel« ist

es, das im »Magnificat besungen wird – das Gesetz des vom Blitz getroffenen Turmes und des demütigen Herzens, das vom selben Blitze zu göttlicher Erleuchtung emporgehoben wird. Denn das »Magnificat« ist der Lobgesang eines Herzens, das von demselben Blitz getroffen ist, »der die Gewalthaber vom Thron stürzt« und der »die Niedrigen erhöht«.

* * *

Die frohe Botschaft, die die Welt vor neunzehn Jahrhunderten empfangen hat, verkündet keineswegs eine gelungene chirurgische Operation der Befreiung vom Leid, sie verkündet auch nicht die geglückte Erbauung eines Turmes, der dem Menschen, klein wie er ist, unerhörte Größe – »bis zum Himmel« – verleiht, sondern sie ist die Botschaft der *Auferstehung,* der großen alchimistischen Operation der erfolgreichen Transmutation des menschlichen Wesens.

* *

Ich sagte, daß es in der praktischen Hermetik nichts Mechanisches und nichts Chirurgisches gibt. Das bedeutet, daß man dort kein wie auch immer geartetes Werkzeug – sei es mental, zeremoniell oder physiologisch – finden wird, mittels dessen man Dinge wissen und ausführen könnte, die das Maß der moralischen und intellektuellen Fähigkeiten überschreiten, das man kraft moralischen und intellektuellen Wachstums besitzt, dank der Erfahrung, dem Bemühen und der Wirkung der Gnade von oben. Sie werden dort zum Beispiel *keine technische Methode finden zur Erweckung der Zentren* oder *»Lotosblumen«* durch *Aussprechen mantrischer Silben, begleitet von* auf dieses Ziel ausgerichteten *Atemübungen.* Die

Zentren oder »Lotosblumen« wachsen und reifen im Licht, in der Wärme und im Leben der Wahrheit, der Schönheit und des Guten, ohne daß eine spezielle technische Methode dabei angewandt wird. Die »Lotosblumen« entwickeln sich, ebenso wie das gesamte menschliche Wesen, nach dem allgemeinen Gesetz:

»Mit dem Reiche Gottes ist es so, wie wenn ein Mann den Samen auf die Erde streut und dann schlafen geht und wieder aufsteht, bei Nacht und bei Tage, und der Same geht auf und wächst empor, ohne daß er selbst davon weiß« (Mk 4,26f).

* *

In der praktischen Hermetik, die ja keine »Türme zu Babel« baut, gibt es also nichts Mechanisches, und *kann* es auch nicht geben. Ebenfalls habe ich gesagt, daß es nichts Chirurgisches in ihr gibt. Das bedeutet, daß das Fundament der praktischen Hermetik die *»Vermählung* der Gegensätze« ist, und nicht ihre *Trennung,* denn die Seele der praktischen Hermetik ist das alchimistische Prinzip.

Die Vermählung der Gegensätze ist ein Prinzip von universaler Tragweite. Sie ist keineswegs ein Kompromiß, wobei man sich »arrangiert«, sondern vielmehr das *Kreuz* und die Magie des Kreuzes. Auf diese Weise ist das »wahre Selbst« mit dem »niederen Ich« im menschlichen Wesen vereint, wobei das »niedere Ich« das Kreuz des »wahren Selbst« und das »wahre Selbst« wiederum das Kreuz des »niederen Ich« ist. Die beiden Pole des menschlichen Wesens *leben* in gegenseitiger Gegenwart, deren Ergebnis der alchimistische Vorgang einer stufenweisen gegenseitigen Annäherung ist.

DER STERN

Das Arcanum des Wachstums

Die auf dem Kartenbild des siebzehnten Arcanums dargestellte Frau gießt Wasser aus *zwei* Gefäßen, die sie in ihrer linken und rechten Hand hält, Wasser, das zu einem einzigen Fluß zusammenfließt.

Das zu einem einzigen Fluß zusammenfließt, ach! Da liegt die Tragödie des menschlichen Lebens, der Menschheitsgeschichte und der kosmischen Evolution. Der Fluß der Kontinuität – in der Erblichkeit, in der Tradition, ja in der Evolution – führt alles mit sich, was aus der Vergangenheit an Gesundem, Edlem, Heiligem und Göttlichem überkommen ist und, bunt damit vermischt, auch alles, was es an Krankhaftem, Gemeinem, Gotteslästerlichem und Teuflischem gab – der Zukunft entgegen ohne Ende.

* *

Also Dualismus? Fließen das Gift der Schlange* und die Träne der Jungfrau auf ewig im Strom des »Lebens« zusammen?

Ja und nein – und das Ja ebenso entschieden wie das Nein! Ja – was die Gegenwart betrifft, die Handlung und Wille ist; nein – was die Zukunft anbelangt, die der Meerstern des Verstehens und der Hoffnung ist.

*

* Anspielung auf ein Gedicht von P. Verlaine über die schmutzige Seine von Paris.

Denn für die Handlung ist der Dualismus dasjenige, was den Willen erweckt und ihn aus dem passiven in den aktiven Zustand übergehen läßt, da jede Bemühung einen praktischen und konkreten Dualismus voraussetzt. Die großen Meister des Dualismus in der Geschichte der Menschheit, wie Zarathustra, Buddha und Mani, wollten die Welt nicht durch das Dogma der kosmischen Dualität (Zarathustra) oder der psychologischen Dualität (Buddha) oder aber der psychokosmischen Dualität (Mani) erklären, sondern den schlummernden Willen zu der Anspannung *aufrufen,* die sich im Vermögen, *ja* und *nein* zu sagen, bekundet. Der Fatalismus, das Sichabfinden mit dem Gewohnten, und in der Quietismus sind der manchmal süße, manchmal mit Bitterkeit vermischte Schlaf des Willens. Die großen Meister des Dualismus riefen den Willen auf, zu erwachen, sich von der Schwere der Schläfrigkeit zu befreien, Mut zu fassen und die Kühnheit zu haben, das Recht auf die Geburt des Willens auszuüben – das Recht zu *wählen* und ja oder nein zu sagen. Der große Zarathustra wollte *Ritter* für den Kampf unter dem Banner des Lichtes gegen die Finsternis – die Finsternis der turanischen Götzenanbeter, der Dämonen der Unkeuschheit und der Unwissenheit, und endlich des Geistes Ahriman oder Satan. Er wollte, daß es Menschen gäbe, die *ja* zum Lichte zu sagen wüßten und folglich *nein* zur Finsternis zu sagen lernten.

Der große Buddha wollte den Willen erwecken zum *Nein* gegenüber dem großen Schlendrian der Begierden, die das Rad der Geburten rollen lassen. Er wollte *Asketen* in bezug auf den seelischen automatischen Mechanismus, die *ja* zu sagen lernten zu der freien schöpferischen Tätigkeit des Geistes.

Der große Mani, der die Synthese der Lehren Zarathustras und Buddhas im Christentum lehrte, wollte – wobei die Frage dahingestellt sei, ob die Verbindung, die er vollzogen hatte, gut war oder nicht – den guten Willen der ganzen Menschheit, der heidnischen, buddhistischen und christlichen, mobilisieren für eine einzige harmonische und universale Bemühung des »Ja« zum ewigen Geist und des »Nein« zu den vorübergehenden Dingen der Materie.

*

Das Ziel, das die großen Meister des Dualismus verfolgten, war *praktisch,* d.h. es bezog sich auf den Bereich des Ja und des Nein. Und wir, insofern wir ein praktisches irdisches, seelisches oder geistiges Ziel verfolgen, können nicht den Fluß des menschlichen Lebens, der Menschheitsgeschichte und der kosmischen Evolution einfach hinnehmen, wie er ist, und uns von ihm tragen lassen. Wir sind gehalten, zwischen der »alten, schmutzigen Schlange« [P. Verlaine] und »einer Art flüssigen Gottes«* zu unterscheiden und ja und nein zu sagen – mit allen praktischen Konsequenzen, die dies Ja und dies Nein mit sich bringen.

*

Gleichzeitig dürfen wir nicht vergessen, daß das siebzehnte Arcanum nicht allein das des Wassers ist, das aus zwei Gefäßen rinnt und sich in einem einzigen Fluß vermischt, sondern außerdem das des

* Anspielung auf ein Gedicht von Victor Hugo.

Sterns – um so mehr, als der traditionelle Name des Kartenbildes »Der Stern« ist.

Der große zentrale Stern auf dem Kartenbild – wie übrigens die ganze Konstellation der acht Sterne – fordert uns zu der Bemühung unseres Bewußtseins auf, die *kontemplative Gerechtigkeit* (den gelben Stern mit acht Strahlen) mit der *aktiven Gerechtigkeit* (dem roten Stern mit acht Strahlen) *zu verbinden,* das *Leitprinzip des Verstandes* mit dem *Leitprinzip des Willens* zu vereinen. Mit anderen Worten, er fordert uns auf, den Dualismus durch die magische und alchimistische Operation des *Aneinandernagelns der Gegensätze* zu überwinden, die man als die »Vermählung der Gegensätze« bezeichnet und die in der Welt jene Leuchtkraft erstrahlen läßt, die die Zukunft nicht nur akzeptabel, sondern sogar wünschenswert macht und sie umwandelt in Verheißung ...

Diese Leuchtkraft ist die *Hoffnung.*

* * *

Die *Hoffnung* ist durchaus nichts Subjektives, das dem optimistischen oder sanguinischen Temperament verdankt wird oder dem Kompensationsbedürfnis im *Sinne* der modernen Freudschen oder Adlerschen Psychologie. Sie ist eine Leuchtkraft, die objektiv strahlt und die die schöpferische Evolution der Zukunft der Welt entgegenführt. Sie ist das himmlische und geistige Gegenstück zum irdischen und natürlichen Instinkt der biologischen Fortpflanzung, die dank der Mutation die natürliche Auslese verursacht, die ihrerseits mit der Zeit den biologischen Fortschritt hervorbringt. Mit anderen Worten: Die Hoffnung bewegt und leitet die geistige Evolution in der Welt, und soweit sie bewegt, ist sie eine objektive Kraft; soweit sie orientiert und leitet, ist sie ein subjektives Licht. Darum sprechen wir von ihr als von einer »Leucht-Kraft«.

*

Die Hoffnung ist für die geistige Evolution, was der Fortpflanzungsinstinkt für die biologische Evolution ist. Sie ist die Kraft und das Licht der *Zielursache* der Welt oder, wenn Sie so wollen, die Kraft und das Licht des »Ideals« der Welt – das magische Strahlen des »Punktes Omega« nach Teilhard de Chardin. Dieser »Punkt Omega«, auf den die geistige Evolution ... zustrebt, ist der zentrale Punkt der Hoffnung der zur *Persönlichkeit werdenden Welt,* der Punkt völliger Einheit des Außen und des Innen, des Materiellen und des Geistigen, d.h. des Gott-Menschen oder des *Auferstandenen Jesus Christus,* so wie der Punkt Alpha, der erste Beweger oder die Wirkursache, das WORT ist, das die Elektronen, Atome und Moleküle in Bewegung setzt und sie auf ihre Verbindung zu Planeten ausrichtet, zu Organismen, zu Familien, zu Rassen, zu Reichen – – –

*

»Ich bin das Alpha und das Omega« – so liest sich die Botschaft des zentralen Sternes auf dem Kartenbild des siebzehnten Arcanums des Tarot. Was besagt: Ich bin die Aktivität, die Wirkursache, die alles in Bewegung setzt; und ich bin die Kontemplation, die Zielursache, die alles zu sich heranzieht, was in Bewegung ist. Ich bin die ursprüngliche Wirksamkeit, und ich bin die ewige Erwartung, daß alle dort ankommen, wo ich bin.

Aus diesem Grunde sagen wir *nein* zum Dualismus im Lichte der Zukunft, ganz wie wir *ja* zu ihm sagen im Lichte der Gegenwart. Die Hoffnung nämlich, die Frucht der Vermählung der Gegensätze, verbietet uns den Dualismus, und sie fordert uns auf, nicht nur an die letztliche Einheit der Gegensätze zu glauben, sondern auch an der Verwirklichung dieser Einheit zu arbeiten – was Sinn und Ziel der geistigen Übung des siebzehnten Arcanums des Tarot ist.

*

Denn man muß es wiederholen: Die großen Arcana des Tarot sind geistige Übungen, und nur ihre praktische Ausführung belehrt uns über das »Arcanum« eines jeden der Arcana, d. h. darüber, was man wissen muß, um Entdeckungen machen zu können.

*

Nun besteht die geistige Übung des siebzehnten Arcanums in der Bemühung, die Essenz des biologischen Wachstums und jene des geistigen Wachstums – das »Agens des Wachsens« und die Hoffnung – in einer Kon-templation zusammenzuschauen, um so ihre Analogie, ihre innere Verwandtschaft und schließlich ihre zugrunde liegende Identität zu entdecken oder vielmehr wiederzuentdecken. Denn es handelt sich darum, die Essenz des Wassers zu erfassen, das ebenso im dunklen Prozeß des Wachstums, der Vermehrung und der Kontinuität der biologischen Fortpflanzung fließt wie in der Klarheit der heiteren Höhen der Hoffnung. Es handelt sich also darum, zur Intuition des *Wassers* zu gelangen, so wie es aufgefaßt wird im Bericht des Moses vom zweiten Schöpfungstag, an dem Gott »zwischen den Wassern unterhalb des Firmamentes und den Wassern oberhalb des Firmamentes« schied (Gen 1,7), und einzusehen (in einem zu sehen), daß das Licht, das oberhalb des Bewußtseins strömt, und die instinktive Wachstumskraft, die unterhalb des Bewußtseins strömt, im Grunde genommen nur ein und dieselbe Kraft sind, nur voneinander »geschieden«, um auf zwei verschiedene Weisen tätig zu sein, und zwar sind beide das *Wasser,* das Prinzip des Wachstums und der sowohl biologischen als auch geistigen Evolution. Es gilt, zur intuitiven, d.h. unmittelbaren und mit der Gewißheit der Evidenz ausgestatteten Wahrnehmung zu gelangen, daß das Prinzip des flüssigen Saftes als Träger des »Agens des Wachstums« und das Prinzip der »Hoffnung« – des Glaubens an die Verwandelbarkeit der Dinge und an ihre künftige Umwandlung in die Übereinstimmung mit ihren göttlichen Urbildern – als Träger der geistigen Evolution *eines* und dasselbe sind: das Prinzip des Wassers, wenn auch das eine (die »Hoffnung«) von der oberhalb des Bewußtseins gelegenen Sphäre aus wirksam ist, während das andere (der »Saft«) von der unterhalb seiner gelegenen Sphäre wirkt.

*

Darum ist auf dem Kartenbild des siebzehnten Arcanums des Tarot die Frau dargestellt, das mütterliche Prinzip, zwischen der Konstellation der Hoffnung über ihr und dem Fluß der Kontinuität des biologischen Lebens unter ihr. Denn jede Mutter bekennt einen doppelten Glauben – den Glauben der himmlischen Hoffnung, daß die Zukunft glorreicher sein wird als die Gegenwart; und den Glauben der irdischen Kontinuität, daß der Strom der aufeinanderfolgenden Generationen *vorwärts* fließt in der durch die Hoffnung von oben gewiesenen Richtung. Jede Mutter weiß, soweit sie Mutter ist, daß auf dem Grunde des Stromes der Generationen der magische Urimpuls der Wirkursache - des Alpha - der Welt wirkt und daß die Zielursache der Welt - das Omega - nicht verfehlen wird, ihm Richtung zu geben und ihn zu sich heranzuziehen. Mit anderen Worten: Jede Mutter bekennt durch die Tatsache, daß sie Mutter ist, den göttlichen Ursprung der Welt und das göttliche Ziel der Welt. Wenn es nicht so wäre, würde sie sich weigern, Kinder zu gebären, weil diese dann dazu bestimmt wären, Opfer der Sinnlosigkeit zu sein. Wir können also das siebzehnte Arcanum auch *»Das Arcanum der Mutter«* nennen.

* *

Die Alten schöpften Hoffnung für Leben und Tod in den Mysterien der Mutter. Ich habe dabei nicht nur die Mysterien von Eleusis im Auge, sondern auch zahlreiche andere, darunter die der Isis in Ägypten. Aber das Wesentliche aller Mysterien der Mutter findet man ausgedrückt in dem Brief des Apostels Paulus an die Römer.

»Denn die ganze Schöpfung wartet sehnsüchtig auf das Offenbarwerden der Söhne Gottes. Die Schöpfung ist der Vergänglichkeit unterworfen, nicht aus eigenem Willen, sondern durch den, der sie unterworfen hat; aber zugleich gab er ihr *Hoffnung: Auch die Schöpfung soll von der Sklaverei und Verlorenheit befreit werden zur Freiheit und Herrlichkeit der Kinder*

Gottes. Denn wir wissen, daß die gesamte Schöpfung bis zum heutigen Tag seufzt und in Geburtswehen liegt« (Röm 8, 19–22).

DER MOND

Das Arcanum des Intellekts

Es gibt überhaupt keine esoterische oder okkulte Technik, die uns von der »Welt der Oberfläche« in die »Welt der Tiefe« führen oder uns auch nur dabei helfen könnte – außer der rein moralischen Tat des »sacrificium intellectus«, des Opfers, das der Intellekt dem Gewissen bringt. Erst wenn der Intellekt ein für allemal den Vorrang der »moralischen Logik« von der »formalen Logik« anerkannt hat, kann er den Übergang vom Zustand des Schlußfolgerns zu dem der Intuition finden. Keinerlei Übung der Konzentration, der Aufmerksamkeit oder der Unterdrückung der mentalen Regungen wird Ihnen allein helfen, die Intuition zu erreichen. Keine Atemübung und keine einzige mentale Technik kann Ihnen dabei nutzen. Denn um ein Ziel, das über den Körper und den Intellekt hinausgeht, zu erreichen, bedarf es auch der Mittel, die über den Körper und den Intellekt hinausgehen. Was geistig ist, läßt sich nur mit geistigen Mitteln vollbringen. Und diese Mittel enthalten keinerlei Technik außer der rein moralischen Tat und Anstrengung.

*

Seltsame Sache! Der christliche Westen, der in so starkem Maße die Technik und Technologie auf materieller Ebene entwickelt hat, besitzt kaum eine seelisch-geistige »Technik« und »Technologie«, während der buddhistische und pantheistische Osten, der die materielle Technik fast gänzlich vernachlässigt hat, ein Gebäude von weit fortgeschrittener seelisch-geistiger »Technik« und »Technologie« entwickelt hat. Es hat den Anschein, als ob das »technologische Genie« des Intellekts sich dort dem Bereich des inneren Lebens zugewandt – und sich vielleicht gar darinnen erschöpft hat, während das gleiche »Genie des Intellekts« im Westen seine Kreativität im Bereich des äußeren Lebens verbraucht hat.

Die Folge davon ist, daß das geistige Leben des Westens – seine Mystik, seine Gnosis und seine Magie – sich vor allem unter dem Zeichen des *Prinzips der Gnade* entwickelt, und daß die Mystik, Gnosis und Magie des Ostens sich vor allem unter dem Zeichen des *Prinzips der Technologie* entfalten, d.h. des empirischen wissenschaftlichen Prinzips, das in der Beobachtung und Verwertung der Verkettung von Ursachen und Wirkungen bei den Bemühungen und ihren Ergebnissen besteht. So empfiehlt z. B. das klassische Werk über Yoga, das »Yogasutra von Patanjali«, die Verehrung eines persönlichen Gottes als *nützlich für die Konzentration,* während sie später aufzugeben ist, wenn sie ihren Nutzen verloren hat, d.h. sobald der Yogi die Fähigkeit erworben hat, sich auf das Ungeformte und Unpersönliche zu konzentrieren.

*

»Yoga ist die Unterdrückung der (ungewollten) Eigenregungen der Denksubstanz«, sagt das Yogasutra, [klassische Yogaabhandlung], d.h., daß nach dem Gesetz der Kausalität, der Verkettung von Ursachen und Wirkungen, die Unterdrückung der mentalen Regungen die Ursache ist, deren Wirkung Yoga oder die Einswerdung mit dem absoluten Wesen darstellt.

Auch der hl. Johannes vom Kreuz, der mehrfach in die Vereinigung mit dem Absoluten Wesen versunken oder von ihr hingerissen war, spricht in seinen Schriften vom Zustand des völligen Schweigens des Verstandes, der Vorstellungskraft und des persönlichen Willens – vom Zustand also, in dem die Eigenregungen der Denksubstanz unterdrückt sind, aber er wird nicht müde zu wiederholen, daß die Gegenwart Gottes, von der die Seele ergriffen ist, dieses Schweigen, dieses Aufheben der mentalen Regungen bewirkt, und nicht der menschliche Wille. Der Zustand des völligen Schweigens des Verstandes – und ebenfalls der Vorstellungskraft und des Willens – *stellt sich* in der Seele *ein,* wenn sie von der Liebe zu Gott entflammt ist. Es gibt dabei keinerlei seelisch-geistige »Technologie«; es ist die gegenseitige Liebe zwischen der Seele und Gott, die alles bewirkt.

* * *

Es gibt nichts Technisches in der christlichen Mystik, Gnosis und Magie – alles ist dort Kunst und Gnade.

Und wie verhält es sich mit dem Hersagen des Rosenkranzes bei den Katholiken und dem palamitischen Hesychasmus – dem ununterbrochenen, bei

Tag und bei Nacht im Rhythmus des Herzschlages wiederholten Gebet: »Kyrie, Jesu Christe eleison« –, wie er bei den Orthodoxen geübt wird? Oder damit, daß die irischen Einsiedler täglich alle Psalmen des Psalters auswendig hersagten? Handelt es sich auch da nicht um Technik?

Das *Prinzip des Rhythmus* und *das der Technik* (oder der maximalen Wirkung bei minimalem Aufwand) unterscheiden sich wie Biologie und Mechanik, wie ein lebender Organismus und eine Maschine. Die Wiederholung der Zeitalter und der Generationen, der Feste der religiösen Kultur, der Atmung, des Herzschlags, des Rosenkranzgebetes und des Hesychasmus ebenso wie das tägliche Hersagen der Psalmen sind Äußerungsformeln und Anwendungen des Prinzips des Rhythmus.

* *

Der Rhythmus im Gebet läßt dieses aus dem psychologischen Bereich in den des *Lebens* übergehen, aus dem Bereich persönlicher Bestrebungen und Stimmungen in den der universalen und grundlegenden Impulse des Lebens selbst. Es handelt sich dabei, in okkultistischer Terminologie ausgedrückt, darum, das Gebet aus dem »Astral- oder Seelenleib« in den »Äther- oder Lebensleib« hineinzutragen, d.h., das Gebet die *Sprache des Lebens* benutzen zu lassen statt der der persönlichen Gefühle und Wünsche. Und wie das Leben ein Fluß ist, der ununterbrochen strömt, so fließt das Gebet, zum Beispiel der Rosenkranz, ohne Unterbrechung – und ohne *Ermüdung,* weil Lebendes gleichzeitig *belebend* ist und weil das ruhige und rhythmische Gebet, das Lebens-Gebet, nicht ermüdet und keine Kräfte *nimmt,* sondern dem Betenden Kräfte *gibt.*

*

Darum spricht der anonyme Verfasser der »Aufrichtigen Erzählungen eines russischen Pilgers« [Hrsg. v. E. Jungclaussen Freiburg [10]1980], der die Erfahrungen mit seiner Hingabe an das immerwährende Herzensgebet berichtet, von der Fülle ungetrübter Freude, die ihn Tag und Nacht erfüllte und ihm schon auf Erden den Vorgeschmack himmlischer Seligkeit gab ...

»Der Lehrer mag wohl recht gehabt haben, der mir einmal sagte, es gäbe ein geheimes Gebet im Menschen selber, von dem er gar keine Ahnung habe; unbewußt würde es von der Seele verrichtet, und es regte einen jeden zum Flehen an, so gut er es gerade könnte.«

* *

Nun ist es der Rhythmus, der das bewußte Gebet mit diesem unbewußten Gebet vereint, und infolge ihrer Vereinigung wird die Gebetsbemühung zum Lebens-Gebet, wird das Seelen-Gebet zum geistigen Gebet. Und der Rosenkranz, der orthodoxe Hesychasmus, die Litaneien, die wiederholten Psalmen usw. rufen die Umbildung der Gebetsbemühung in das Lebens-Gebet hervor. Weit davon entfernt, Mittel zur Mechanisierung des Gebetes zu sein, *vergeistigen* sie es.

* *

Die Esoterik ist nicht die Gesamtheit der außergewöhnlichen und unbekannten Dinge, sondern vor allem die ungewohnte Art, die gewohnten und bekannten Dinge zu *sehen,* ihre Tiefe zu sehen. Und der

Rosenkranz, wie »exoterisch« und »zum Überdruß bekannt« er sein mag, enthüllt tiefe Wahrheiten des geistigen Lebens, einschließlich der der Vereinigung des seelischen Gebets mit dem geistigen Gebet.

* * *

Die unmittelbare Kommunikation zwischen Intellekt und Weisheit ist eigentlich nichts anderes als die Entwicklung des *Gewissens,* das sich vom Bereich des Handelns auf den Bereich der Erkenntnis erstreckt und dort soweit erwacht, daß es das Licht des Intellekts wird.

Das Gewissen hat namentlich zwei Aspekte – den negativen Aspekt (der wohlbekannt und von dem im Alltag häufig die Rede ist), der sich als Mißbilligung einer Handlung äußert, als Warnung vor ihrer Ausführung oder als Gewissensbiß nachher, und den positiven Aspekt (der im alltäglichen Leben fast unbekannt ist), der sich als Antrieb zu einer Handlung äußert, als Empfehlung ihrer Ausführung vorher und als ungetrübte Freude nachher. Vor allem dieser positive Aspekt des Gewissens wird zum erleuchtenden und offenbarenden Prinzip des Intellekts, der sich mit der unbewußten Weisheit (die nichts anderes als das Prinzip des Gewissens ist) verbunden hat.

*

Die Intuition ist daher letzten Endes nichts anderes als die Vermählung des Intellekts, der auf seine absolute Autonomie verzichtet hat, mit dem Gewissen, das soweit erwacht ist, daß es zur Quelle von konkreten und genauen Offenbarungen für den Intellekt wird. Man könnte auch einfach sagen, die Intuition ist der ganz gewissenhaft gewordene Intellekt und zugleich das für den Intellekt ganz verständliche Gewissen.

Das Gewissen bietet also dem Intellekt eine Welt der inneren Erfahrung, die ebenso weit ist, wie die empirische Welt der äußeren Erfahrung. Der Intellekt kann also in zwei Richtungen gleichzeitig wachsen und sich entwickeln – in Richtung der äußeren empirischen Welt durch die Sinne und der inneren empirischen Welt durch das Gewissen. Das Gewissen ist das einzig rechtmäßige und heilsame Tor zu der Welt, die mindestens ebenso ausgedehnt und noch viel tiefgründiger ist als die Welt, die wir mit den Sinnen wahrnehmen. Und es ist der Entschluß des Intellekts, »die Dienerin des Gewissens« zu werden (ancilla conscientiae) – ganz wie im Mittelalter die Philosophie sich als »Dienerin der Theologie« betrachtete (ancilla theologiae) –, der die Tür öffnet.

DIE SONNE

Das Arcanum der Intuition

Es ist das große Verdienst von C. G. Jung, die Anwesenheit der fernen Vergangenheit im zeitgenössischen Seelenleben entdeckt und das Dasein von »archäologischen Schichten« im menschlichen Seelenleben festgestellt zu haben, ganz wie es die Archäologie für die materiellen Objekte der vergangenen Zivilisation getan hat und die Paläontologie für die materiellen Fossilien der biologischen Vergangenheit. Dank dem Werk von C. G. Jung können den archäologischen und paläontologischen Ausgrabungen »psychologische Ausgrabungen« hinzugefügt werden – und ihnen zu Hilfe kommen. Der Unterschied zwischen den Spuren der Vergangenheit, mit denen Archäologie und Paläontologie arbeiten, und den von Jung festgestellten »seelischen Schichten« der Vergangenheit besteht darin, daß die letzteren *leben,* wenn auch außerhalb des Rahmens des vom Verstand dominierten und determinierten Bewußtseins, während die Materialien der Archäologie und Paläontologie *tot* und nichts anderes als Leichname der Vergangenheit sind.

Der Sinn der *Idee der Auferstehung* (das Thema des folgenden zwanzigsten Großen Arcanums des Tarot) ist die Vergegenwärtigung der Fülle aller geistigen, seelischen und körperlichen Kräfte, die sich in latentem Zustand (lat.: latere = verborgen sein) befinden, d. h., die sich aus dem Bereich der Handlung und des Intellekts in den der latenten Energie und des Unbewußten (im Sinne von Jung!) zurückgezogen haben – in jenen Bereich, mit anderen Worten, den wir »die Vergangenheit« nennen, der aber nach Henri Bergson (der Jung den Weg bereitet hat) ein Bestandteil des Dauernden ist, das unzerstörbar, also auferweckbar, in die Gegenwart zurückrufbar ist, sei es durch das Gedächtnis – wenn es sich um das menschliche Seelenleben handelt –, sei es durch die Auferstehung – wenn es sich um das göttliche kosmische Gedächtnis handelt.

*

Die Auferstehung ist also die göttliche Analogie zum Akt der menschlichen Erinnerung: wie der Mensch den Teil der Dauer, den wir »Vergangenheit« nennen, im Sicherinnern hervorruft und sich vergegenwärtigt, ebenso macht Gott das latent Gewordene wieder gegenwärtig, und ruft durch einen magischen Akt analog zu dem der menschlichen Erinnerung ins Bewußtsein, was im Bereich des Unbewußten lebt. Die »Auferstehung der Toten« geschieht also, wenn sich Gott an die ganze Fülle der Vergangenheit »erinnert«. Es ist der Akt der göttlichen Magie, dessen menschliche Analogie die Erinnerung ist.

*

Nun ist die Auferstehung die »frohe Botschaft« des Christentums. Darum ist die Geschichte des Christentums die Geschichte der Auferstehung alles dessen, was in der Vergangenheit der Menschheits- und Weltgeschichte ihrer würdig ist, und sie wird es immer sein; sie ist die Geschichte einer Reihe von »Wiedergeburten«, nach Art der »Renaissance«* der griechisch-römischen Philosophie und Künste am Ende des Mittelalters. Dieser »Renaissance« werden andere folgen, einschließlich der des alten Ägypten und Chaldäas. Die moderne Entwicklungslehre und die Weltraumforschung sind schon deren Morgenröte. Die »Renaissancen«, die hier gemeint sind, stellen nur die erste Stufe der Auferstehung dar: sie beziehen sich auf das geistige Leben, dessen Konti-

* »Renaissance« wörtlich »Wiedergeburt«, hier im allgemeineren Sinn von »wiederaufleben«, nicht im spezifischen Sinn von »Reinkarnation«.

nuität, d.h. *geistige Fortdauer,* sie verwirklichen oder wiederherstellen. Eine andere Reihe von »Wiedergeburten« wird die *seelische Kontinuität* wiederherstellen; sie wird die Stufe der Auferstehung des *Seelenlebens* bedeuten. Ihr wird die Auferstehung des Lebens folgen – und dies wird die Vollendung sein.

*

Der vollendeten Auferstehung, d.h. der der Leiber, gehen also geistige und seelische »Auferstehungen« – oder Wiederherstellungen vergangener Zeiten auf Erden – voraus. Sie sind Triumphe der Erinnerung über das Vergessen.

* *

Gleicherweise verhält es sich mit dem liturgischen Jahr der Kirche. Es ist das alljährliche Streben des menschlichen Gedächtnisses, sich mit dem göttlichen Gedächtnis zu vereinigen, um die Auferstehung zu verwirklichen, d.h. die Vergangenheit in der Gegenwart *leben* zu lassen.

Die Worte der Konsekration: »Das ist mein Leib, der für euch hingegeben ist, tut dies zu meinem Gedächtnis!« sind der Schlüssel zum liturgischen Jahr. Man verrichtet Dinge zum Gedächtnis an ihn, an seine Mutter, an die Apostel, an die Heiligen und an die Märtyrer – und er, seine Mutter, die Apostel, die Heiligen und die Märtyrer sind gegenwärtig und leben und handeln in der Gegenwart. Das ganze liturgische Jahr spricht zu uns:

»Vergeßt nicht! Erinnert euch! Denn durch das Gedenken vollzieht sich die Auferstehung!«

*

Alle Feste des Jahres sind auf die Auferstehung ausgerichtet. Das Weihnachtsfest ist die Auferstehung des Kindes, das die Hirten und die Magier aus dem Morgenland angebetet haben. Es ist aber zu gleicher Zeit auch das Fest der Auferstehung der Hirten und der Magier, d.h. die Zeit der magischen Beschwörung der geistigen und seelischen Kräfte, deren sich die Offenbarung bedient und deren sich die Gnosis bedient. Denn ebenso wie das Kind zu Weihnachten gegenwärtig ist, ebenso erwachen und aktivieren sich zu Weihnachten die Kräfte einschließlich der individuellen Seelen, die fähig sind, seine Offenbarung zu empfangen – sei es durch Engel, sei es durch den Stern.

* *

Diejenigen, die dem »Stern« folgen, müssen sich aber ein für allemal belehren lassen, daß sie nicht Herodes und die »Hohenpriester und Schriftgelehrten des Volkes« zu Jerusalem befragen, sondern dem »Stern« folgen sollen, »den sie im Osten gesehen haben« und der vor ihnen her wandern wird, ohne daß sie Lehren und Bestätigungen durch Herodes und die Seinen suchen. Das Leuchten des »Sterns« und das Bemühen, seine Botschaft zu verstehen, müssen genügen. Denn Herodes, als offenbarungsfeindliches Prinzip und als der Offenbarung entgegenwirkende Kraft, ist ebenfalls ewig. Die Weihnachtszeit ist nicht nur die Zeit der Geburt des Kindes: sie ist auch die Zeit des bethlehemitischen Kindermordes – die Zeit, wo der autonome Verstand dazu getrieben wird, alle zarten Blüten der Spiritualität, die die absolute Autonomie, die er sich anmaßt, bedrohen, zu töten, d.h., sie abzuwürgen und ins Unbewußte zurückzustoßen.

Mögen diejenigen, die dem »Stern« folgen, es ganz und ohne Vorbehalt tun! Mögen sie – den »Stern« einmal vor Augen – keine Bestätigung, Zustimmung oder Billigung oder, was noch schlimmer wäre, Führung durch die Wissenschaft suchen! Mögen sie nur dem »Stern« über sich folgen und *nichts anderem.*

* * *

In den westlichen kirchlichen Kreisen des Mittelalters hat man diese Rolle des Verstandes [für die Intuition] begriffen. Die Gläubigen begannen zu denken. So wurde die Hochscholastik geboren. Es ist nicht wahr, daß die Scholastik dem Wunsche entsprang, den Glauben zu intellektualisieren und ihn durch Philosophie zu ersetzen, daß sie also ihre Entstehung dem geheimen Zweifel in den Herzen der Gläubigen des Mittelalters verdankt. Nein, die Scholastik wurzelt in der *Sehnsucht nach der Fülle der Intuition,* d. h. nach der »Taufe« des Intellekts, um ihn für das Zusammenwirken mit dem Glauben zu gewinnen. Es handelt sich also, genauer gesagt, nicht um Zweifel, sondern um einen Akt des feurigen Glaubens, der nicht daran zweifelt, daß der menschliche Intellekt ebenso »tauffähig« und »christianisierbar« sei wie das Herz und der Wille.

*

Der hl. Albertus Magnus und der hl. Thomas von Aquin waren durchaus nicht von Zweifel getrieben, als sie sich an ihr grandioses Werk des Denkens begaben: sie waren voller Vertrauen, daß das Blut des

Kalvarienberges das Reich der kühlen Klarheit des Denkens, das es bis dahin war, durchdringen, befeuern und verklären würde. Ihr Werk war eher apostolisch als apologetisch. Ebenso wie Missionare sich in nichtchristliche Länder begaben, um dorthin die Frohe Botschaft zu tragen, ebenso begaben sich der hl. Albertus Magnus und der hl. Thomas von Aquin in das nichtchristianisierte Land des menschlichen Verstandes, um es zu christianisieren. Ist das Zweifel? Nein, gewiß nicht. Es ist die Tat apostolischen Glaubens und apostolischen Eifers!

*

Lieber Unbekannter Freund, verachten Sie nicht die mittelalterliche Scholastik! Sie ist wirklich ebenso schön, verehrungswürdig und begeisternd wie die großen Kathedralen, die uns das Mittelalter hinterlassen hat. Wir verdanken ihr eine Anzahl von Meisterwerken des Denkens, des Denkens im Lichte des Glaubens. Und wie alle wirklichen Meisterwerke, sind auch die der mittelalterlichen Scholastik heilsam. Sie heilen die verwirrten, fiebernden und beunruhigten Seelen. Wie der Arzt bestimmten körperlich Kranken einen Klima- und Luftwechsel und für einige Monate den Aufenthalt in den Bergen verschreibt, so wäre es richtig und heilsam, manchem Menschen, der durch »existentielle Probleme« beunruhigt und durch die »Widersprüche des Lebens« in Verwirrung geraten ist, für einige Zeit das Klima der Hochscholastik zu verschreiben, damit er dort die reine Luft der geistigen Bergwelt atmet. Es handelt sich nicht um einen Übertritt zur scholastischen Philosophie derart, daß die betreffende Person die scholastische Lehre anzunehmen hätte, sondern um eine höhere inttellektuelle *Ebene* und vor allem um eine für einige Zeit fortgesetzte Arbeit mit den klaren und präzisen Begriffen der Scholastik auf dieser Ebene.

*

Die »Quinque viae«, die »fünf Wege«, der Schlußfolgerung des hl. Thomas von Aquin werden Sie vielleicht nicht überzeugen, aber Sie werden aus der meditativen Arbeit an den fünf vorgeführten Gottesbeweisen mit klarem Kopf und ruhigem Herzen *herauskommen,* um gut vorbereitet und ausgerüstet andere Wege zur Gewißheit zu suchen und zu finden. Die *Beschäftigung* mit diesen fünf Wegen des Schlußfolgerns wird Sie stärker und ruhiger machen und Sie über jede Unordnung erheben, die von dem Spiel der Komplexe herrührt, die ein Gemisch von Gefühlen, von Vorlieben des persönlichen Geschmacks und von Gedanken sind, die nur deren Wortführer sind. In dieser Erhebung über die psychologischen Komplexe besteht die heilsame Wirkung der Beschäftigung mit der Scholastik, in der man sich der Meditation ganz hingibt.

*

Man könnte einwenden: Reißt nicht auch die Mathematik uns von uns selbst los und erhebt uns über die persönlichen psychologischen Begrenzungen?

Zweifellos hat auch die Mathematik eine heilsame Wirkung, aber sie beansprucht nicht im gleichen Maße das ganze menschliche Wesen wie die Gesamtheit der Probleme der Scholastik, und ihre heilsame Wirkung hat somit nicht dieselbe Tragweite. Die

Scholastik bringt Gott, die Sele, die Freiheit, die Unsterblichkeit, das Heil, das Gute und das Böse ins Spiel; deshalb hat der Sieg über die psychologischen Faktoren hier eine ganz andere Bedeutung als derselbe Sieg aufgrund der Beschäftigung mit Quantitäten und ihren Funktionen. In der Scholastik steht mehr auf dem Spiel als in der Mathematik, und die Tragweite ihrer heilsamen Wirkung ist dementsprechend größer. Verachten Sie also nicht, lieber Unbekannter Freund, die mittelalterliche Scholastik; sie hat noch immer ihren Wert.

*

Es wäre ebenfalls nicht richtig zu sagen, das Aufblühen der Mystik vom Ende des 13. bis zum 17. Jahrhundert sei einzig und allein eine *Reaktion* auf den »trockenen Intellektualismus« der Scholastik. Nein, die Blüte der Mystik in jener Epoche ist *Frucht* und *Ergebnis* der Scholastik, vorgebildet in der geistigen Biographie des hl. Thomas von Aquin selbst, der gegen Ende seines Lebens zur mystischen Kontemplation Gottes und der geistigen Welt gelangte. Als er aus der Ekstase zurückkehrte, erklärte er, daß seine geschriebenen Werke ihm jetzt »wie Stroh« vorkämen. Tatsächlich hat er danach nichts mehr geschrieben. Der gläubige Denker war also zum mystischen Seher geworden. Diese Umwandlung erfolgte nicht trotz des Werkes des scholastischen Denkers, sondern dank seiner, als seine Frucht und Krönung.

*

Nun widerfuhr dasselbe, was dem hl. Thomas von Aquin zuteil wurde, auch der Gruppe von Individualitäten, die die Krone der scholastischen Woge bildeten. Wie der hl. Thomas durch die scholastische Gedankenarbeit zur Kontemplation gelangte, ebenso fand auch der fortgeschrittene Teil der Scholastik zur Mystik, d.h. zum Ziel der Scholastik, das die *Intuition* oder der Zustand der Einswerdung von Glaube und Verstand ist. Ein Meister Eckhart, ein Ruysbroek der Wunderbare, ein hl. Johannes vom Kreuz sind Geister, bei denen Sie vergeblich den Geist der Opposition zur Scholastik suchen würden. Zwar war auch für sie die Scholastik »wie Stroh«, aber sie wußten gleichzeitig aus eigener Erfahrung, daß dieses »Stroh« ein ausgezeichnetes Brennmaterial ist. Sie sind wohl über die Scholastik hinausgegangen, aber dies geschah, indem sie deren Ziel erreichten. Denn das Ziel des scholastischen Strebens ist die Kontemplation, und die Frucht des scholastischen Baumes ist die Mystik.

DAS GERICHT

Das Arcanum der Auferstehung

Hier sind wir inmitten des Problems des *Auferstehungsleibes*. Was ist das? Die moderne Wissenschaft ist zu der Einsicht gekommen, daß die Materie nur verdichtete Energie ist – was übrigens den Alchimisten und Hermetikern seit Jahrtausenden bekannt war. Früher oder später wird sie auch die Tatsache entdecken, daß, was sie heute »Energie« nennt, nur verdichtete seelische Kraft ist, welche Entdeckung sie schließlich zur Feststellung führen wird, daß alle seelische Kraft ganz und gar die Verdichtung des Bewußtseins, d. h. des Geistes ist. Man wird dann sicher wissen, daß wir nicht dank der Existenz der Beine gehen, sondern daß die Beine dank dem Willen zur Bewegung existieren, daß der Bewegungswille die Beine gestaltet hat, um sich ihrer als Werkzeug zu bedienen. Ebenso wird man wissen, daß das Gehirn nicht das Bewußtsein erzeugt, sondern daß es dessen ausführendes Instrument ist.

* *

Nun ist der Auferstehungsleib der der vollkommenen Freiheit, d. h. die vollkommene Manifestation der Individualität selbst, ohne die Fesseln der Vererbung. Er ist also kein *Instrument,* dessen sich die Seele bedient, ebenso wie die Seele selbst kein Instrument ist, dessen sich der Geist bedient. Denn schon der Ausdruck »Instrument« setzt die gleichsam mechanische Beziehung zwischen einem Meister und seinem Werkzeug voraus: der Wille des Meisters benutzt das Werkzeug, ohne daß dieses einwilligt, ohne daß es seinerseits irgendeinen Beitrag leistet und ohne daß es einen bewußten und willentlichen Anteil an der Handlung nimmt. So kann es nicht sein bei der Beziehung zwischen der Seele und dem Auferstehungsleib.

*

Man muß bei der Auferstehung die Beziehung zwischen Geist, Seele und Leib als Widerspiegelung der Heiligen Dreifaltigkeit verstehen, d. h. als Wiederherstellung des Ebenbildes und Gleichnisses Gottes. Das bedeutet, daß die Beziehung zwischen Geist, Seele und Leib bei der Auferstehung derjenigen Beziehung entsprechen wird, die zwischen dem Vater, dem Sohn und dem Heiligen Geist besteht. Der Mensch wird dreieinig sein, wie Gott dreieinig ist. Seine ewige Individualität wird die Einheit sein, die seinem Geist, seiner Seele und seinem Leib zugrunde liegt.

*

Der Auferstehungsleib wird also die eine der drei »Personen« der menschlichen Dreifaltigkeit sein, analog der göttlichen Dreifaltigkeit. Er wird die »Person des Handelns« der Individualität sein, ganz wie Seele und Geist ihre »Person des Herzens« und ihre »Person der Kontemplation« sein werden. Das heißt, daß der Auferstehungsleib der *magische Verwirklicher* der Individualität sein wird, die die Ewigkeit mit ihrem Geist anschaut und sie zu Wärme-Licht in ihrer Seele macht.

*

Der Auferstehungsleib wird also nichts Mechanisches, nichts Automatisches an sich haben. Er wird auch keine Ansammlung von ein für allemal verfertigten Werkzeugen zum Gebrauch des Willens sein. Mit anderen Worten: Er wird keine fertigen und unabänderlichen »Organe« besitzen. Nein, der Auferstehungsleib wird vollkommen plastisch sein und für jede Handlung das dazu benötigte »Organ« schaffen. Bald wird er strahlendes Licht sein, wie der hl. Paulus es auf dem Wege nach Damaskus erfuhr, bald ein Strom von Wärme, bald ein Hauch belebender Frische, bald eine leuchtende menschliche Gestalt, bald eine fleischliche menschliche Gestalt. Denn der Auferstehungsleib wird *sich verdichtender und sich ausdehnender magischer Wille* sein. Er wird, wir wiederholen es, die Synthese von Leben und Tod sein, d.h. fähig, hier unten wie ein Lebender zu handeln und sich zu gleicher Zeit der Freiheit von irdischen Banden zu erfreuen wie ein Verstorbener.

* * *

Wird er eine neue Schöpfung sein? Ein plötzlich frei gewährtes Geschenk Gottes?

Bevor wir auf diese Frage antworten, müssen wir zuerst die Vorstellung, die wir vom »Leib« haben, vertiefen. Unsere gewöhnliche Vorstellung ist, daß er eine Quantität von Materie ist, von der Natur geborgt und derart angeordnet, daß er als Werkzeug des Handelns und als Schauplatz der Entwicklung des seelischen Lebens bis zu seiner Auflösung, d.h. bis zum Tod dienen kann.

»Alles ist aus Staub geworden, und alles kehrt zum Staube zurück« (Pred 3,20).

Wenn wir den biblischen Ausdruck »Staub« durch den modernen »Vielzahl von Atomen« ersetzen, so drückt die Formulierung des Ekklesiastikus auch heute noch gut unsere allgemeine Vorstellung vom Leibe aus, gleichgültig, ob wir an die Unsterblichkeit der Seele glauben oder nicht. Hier sind sich Materialisten und Spiritualisten einig, denn beide akzeptieren den empirischen Augenschein der völligen Auflösung des individuellen Leibes.

Das ist jedoch nicht die Vorstellung vom Leib in der Hermetik. Denn ohne die Tatsache der materiellen Auflösung des Leibes zu leugnen, lehnt der Hermetiker den daraus gezogenen Schluß, daß der individuelle Leib beim Tode die völlige Vernichtung erleidet, ab. Die Hermetik stellt die Behauptung auf, daß *der Leib im wesentlichen ebenso unsterblich ist wie die Seele und der Geist,* daß die Unsterblichkeit dreifach ist und daß der ganze Mensch in seinem Wesen unsterblich ist.

* *

Wenn daher ein Dichter in einem Moment der Erleuchtung durch die Liebe sagt:

»Und doch wirst du einst dem Unrat gleichen,
Dem Greuel der Verpestung und Infektion,
Mein Augenstern, mein Sonnenzeichen,
Du mein Engel und meine Passion.

O Fürstin der Anmut, so wirst du einst sein,
Wenn nach den letzten Sakramenten
Unter Gras und fetten Blütenständen
Du modern wirst zwischen Staub und Gebein.

Dann sprich zum Geziefer, Du meine Schöne, mein Halt,
Zum Gewürm, das unter Küssen dich frißt,
Daß bei mir der zersetzten Geliebten Gestalt
Und ihr göttlicher Kern bewahret ist!«
[Ch. Baudelaire]

so ist er nicht der einzige, der »die Gestalt und den göttlichen Kern« des Leibes der Geliebten bewahrt. Es gibt noch jemanden, jemanden, der größer ist als er, und dessen Liebe größer ist als die seine, der sie für alle Ewigkeit aufbewahren wird. Denn wenn die Liebe des Liebenden die »Gestalt und den göttlichen

Kern« des zersetzten Leibes der Person, die er liebte, bewahren wird, um wieviel mehr wird Gott, der die Liebe ist, die Gestalt und den göttlichen Kern dieses Leibes bewahren. Und diese Gestalt und dieser Wesenskern – werden bei der Auferweckung der Toten auferstehen.

* * *

Die universale Auferstehung hat noch einen wichtigen Aspekt, der dem zwanzigsten Großen Arcanum des Tarot seinen traditionellen Namen gegeben hat: »Das Gericht«. Obwohl das Kartenbild nur die Auferstehung zeigt, trägt sie nichtsdestoweniger den Namen »Das Gericht«, weil in der Tradition das Jüngste Gericht ein wesentlicher Teil der universalen Auferstehung ist. Die Tradition verbindet nicht nur die Auferstehung mit dem Jüngsten Gericht, sondern betrachtet sie auch als identisch, als ein einziges Ereignis, das von zwei Seiten her gesehen wird. Worauf beruht die Gleichsetzung der Auferstehung mit dem Jüngsten Gericht durch die Tradition?

*

Die Auferstehung ist der Endsieg nicht allein über den *Tod* als Trennung von Seele und Leib, sondern auch über den *Schlaf* als Trennung der Seele von der Welt des Handelns, und über das *Vergessen* als Trennung des Bewußtseins der Welt von den Erinnerungen an die Vergangenheit. Das besagt, daß die Auferstehung nicht nur die Wiederherstellung der vollständigen Einheit des Menschenwesens – Geist, Seele und Leib – bedeutet, sondern auch die der ununterbrochenen Kontinuität seiner Tätigkeit und der ununterbrochenen Kontinuität seines Bewußtseins –

die Wiederherstellung also seiner gesamten Erinnerung.

*

Nun ist das Auftauchen der vollständigen Erinnerung der ganzen Vergangenheit für das Bewußtsein gleichbedeutend mit dem *Jüngsten Gericht,* wo die ganze Vergangenheit im Lichte des Gewissens wiedergesehen wird. Das Gewissen, die Seele, wird sich selbst richten. Und die Seele wird dann finden: Sie ist schuldig in allen wesentlichen Punkten der Anklage aus dem göttlichen Gesetz, das im vollerwachten Gewissen lebt. Es wird dann keine einzige Seele geben, die sich vor ihrem eigenen erwachten Gewissen wird rechtfertigen können. Ihre Rechtfertigung liegt nicht in ihrer Zuständigkeit. Sie liegt in der Zuständigkeit Gottes und in ihr allein.

*

Zuerst wird also die völlige Gleichheit aller Mitglieder der menschlichen Gemeinschaft im Bewußtsein ihres Unrechts und ihrer Fehler hergestellt. Dieses Bewußtsein wird allen gemeinsam sein: den großen Eingeweihten, den Kirchenfürsten, den Lenkern der Nationen, wie auch den einfachen Arbeitern in den verschiedenen Bereichen des menschlichen Strebens von ehemals.

Diese große künftige Erfahrung der Gleichheit aller Menschen im Lichte des erwachten Gewissens ist in der Vorbereitung der Messe (im Stufengebet) vorgebildet, und zwar im gemeinsam gesprochenen »Confiteor – Ich bekenne«, wo sowohl der Priester als auch alle anwesenden Mitglieder sagen:

»Ich bekenne Gott, dem Allmächtigen, und allen Brüdern und Schwestern, daß ich Gutes unterlassen und Böses getan habe – ich habe gesündigt in Gedanken, Worten und Werken« (alle schlagen sich bei den folgenden Worten dreimal auf die Brust) »durch meine Schuld, durch meine Schuld, durch meine große Schuld.«

Dieser Ritus, dessen Ziel die gemeinsame und die persönliche Gewissenserweckung ist, bezeugt zugleich die völlige Gleichheit der Menschen vor dem göttlichen Gesetz, das im Gewissen wirksam ist. In ihm ist die Gleichheit beim Jüngsten Gericht vorgebildet.

DER NARR

Das Arcanum der Weisheit

Das Arcanum »Der Narr« oder »Der Tor« lehrt die Fähigkeit, von der Intellektualität, die von der Wißbegier bewegt wird, zu der höheren Erkenntnis überzugehen, die aus der Liebe hervorgeht.

* *

Das Arcanum »Der Narr« lehrt das transzendente Bewußtsein und warnt vor der damit verbundenen Gefahr. Es behandelt beide Arten des »sacrificium intellectus«, der Opferung des Intellekts. Der Intellekt kann nämlich auf zwei verschiedene Arten geopfert werden: er kann *in den Dienst* des transzendenten Bewußtseins *gestellt* oder einfach *aufgegeben* werden. Die Hermetik wählt die erste Art des Hinausgehens über die Intellektualität.

* *

Der hl. Johannes vom Kreuz geriet wiederholt in Verzückung, die bis zur Levitation des Körpers ging: dennoch war er der Verfasser von Büchern über die Mystik, deren Klarheit, Tiefe und Nüchternheit des Denkens kaum übertroffen sind. Bei ihm war, wie er selbst sagt, der Intellekt verstummt angesichts der göttlichen Gegenwart und wurde von ihr aufgesogen für die Dauer einer bestimmten Zeit, um wieder tätig zu werden – *tätiger* als vorher sogar –, nachdem er wieder aufgetaucht war aus der Versenkung in das absolute Licht, dessen Klarheit den Intellekt blendet und ihn in die Finsternis zu tauchen scheint. Dieses Untertauchen in die Finsternis des absoluten Lichtes blieb nicht ohne tiefe Wirkung auf den Intellekt: dieser ging, mit neuen Neigungen begabt, die ihm von den Arcana von oben eingeprägt waren, daraus hervor. Jede Ekstase war also eine *Einweihung,* d.h. die unmittelbare Einprägung der absoluten göttlichen Wahrheit, nicht im Bereich des bewußten Denkens, sondern im Bereich des »Willens des Denkens«, der die bewußten Gedanken *hervorbringt.*

* *

Das einundzwanzigste Arcanum des Tarot ist also das der Methode der Hermetik, den Intellekt der Spiritualität so zu opfern, daß er wächst und sich entwickelt, anstatt sich abzuschwächen und dahinzuschwinden. Es ist das Arcanum der »coniunctio oppositorum«, der Vermählung der Gegensätze, nämlich der diskursiven Intellektualität und der erleuchteten Spiritualität oder, mit anderen Worten, des alchimistischen Werkes der Vereinigung der menschlichen Weisheit, die in den Augen Gottes Torheit ist, mit der göttlichen Weisheit, die in den Augen der Menschen Torheit ist, derart, daß daraus nicht eine doppelte Torheit entsteht, sondern eine einzige Weisheit, die sowohl das, was oben ist, als auch das, was unten ist, umfaßt.

* * *

Das große spirituelle Werk kommt zustande, indem von zwei entgegengesetzten Quellen aus gleichzeitig gewirkt wird: von *oben* und von *unten,* d.h. unter der Wirkung der fortwährenden Offenbarung und derjenigen der Bemühung des menschlichen Bewußtseins. Mit anderen Worten: Es ist das Ergebnis der Zusammenarbeit von Offenbarung und Humanismus oder von den Avataren* und den Buddhas, um es in der Ausdrucksweise der indo-tibetanischen geistigen Tradition zu sagen.

* *

Die Avatare und Imams** stellen Persönlichkeiten dar, die die Gipfelpunkte der göttlichen *Offenbarung* wird, während die Buddhas (der Gautama Buddha ist nur einer aus der Reihe der Buddhas) die Gipfelpunkte von bestimmten Epochen der Menschheitsgeschichte darstellen, nicht der Offenbarung von oben, sondern des *Erwachens des menschlichen Bewußtseins;* das Wort »Buddha« bedeutet »der Erwachte«, während »Avatâra« Abstieg bedeutet.

* *

* Avatar = In Indien Bezeichnung eines irdisch inkarnierten Gottes.

** Imam = In einigen Richtungen des schiitischen Islam transzendente Gestalt der endzeitlichen Vollendungshoffnungen.

Wenn also die Avatare *Abstiege* des Göttlichen sind, so sind die Buddhas *Aufstiege* des Menschlichen. Sie sind Kulminationspunkte der Etappen des *Humanismus* im Laufe der Evolution. Der Unterschied zwischen den »Offenbarten« (den Avataren und Imams) und den »Erwachten« (den Buddhas) ist analog dem zwischen den »Heiligen« und den »Gerechten« in der jüdisch-christlichen Welt. Die Heiligen entsprechen den Avataren darin, daß sie die Offenbarung der göttlichen Gnade in sich und durch sich darstellen, und die Gerechten entsprechen den Buddhas darin, daß sie die Früchte der menschlichen Bemühung sichtbar machen.

*

So ist Hiob kein Heiliger, sondern ein Gerechter – einer dieser Gerechten, die »die Welt aufrechterhalten« durch ihre Verdienste. Die Gerechten bezeugen, was die menschliche Natur wert ist, wenn ihre eigentliche Essenz, ihr eigentliches Wesen aufwacht und sich offenbart. Die Gerechten sind die wahren Humanisten, die Blüten des reinen Humanismus. Sie legen Zeugnis ab von der Tatsache, daß die Essenz der menschlichen Natur Ebenbild und Gleichnis Gottes ist.

*

Dies ist das von Hiob abgelegte Zeugnis, und dies ist auch das von Sokrates gegebene Zeugnis. Der deutsche Philosoph Immanuel Kant erklärte mit Nachdruck, daß, wie verlassen auch immer die menschliche Seele von der erleuchtenden Gnade von oben und der Offenbarung von oben sein mag, sie in sich selbst den *kategorischen* Imperativ trägt, das immanente moralische Gesetz (von den Weisen Indiens »dharma« genannt), das sie handeln und denken läßt, als ob sie ewig und unsterblich wäre und nach unendlicher Vollkommenheit streben würde --- So legt Kant Zeugnis ab von dem Grundadel der menschlichen Natur, und das ist sein Beitrag zum *Glauben an den Menschen* – welches auch immer seine Grenzen und seine Irrtümer im Bereich der Metaphysik sein mögen.

*

Denn wie es zwei *Lieben* gibt – die Liebe zu Gott und die Liebe zum Nächsten, die untrennbar sind –, ebenso gibt es auch zwei Glauben – den Glauben an Gott und den Glauben an den Menschen, die ebenfalls untrennbar sind. Wie nun die Heiligen und die Märtyrer Zeugnis ablegen von Gott, so legen die Gerechten Zeugnis ab vom Menschen als Ebenbild und Gleichnis Gottes. Die einen stellen den Glauben an Gott wieder her und stärken ihn, und die anderen stellen den Glauben an den Menschen wieder her und stärken ihn.

*

Der Glaube an Jesus Christus, an den Gott-Menschen, vereint den Glauben an Gott und den Glauben an den Menschen, ebenso wie die Liebe zu Jesus Christus die Liebe zu Gott und die Liebe zum Nächsten vereinigt. In Jesus Christus haben wir die vollkommene Vereinigung von göttlicher Offenbarung und reinstem Humanismus.

* * *

Das Gebet, das bittet, dankt, anbetet und segnet, ist das Strahlen, der Hauch und die Wärme des erwachten Herzens, ausgedrückt in sprachlichen Formeln, im wortlosen inneren Seufzen der Seele und schließlich im sowohl äußerlichen als auch innerlichen Stillwerden des Atems der Seele, die in das Element des göttlichen Atems eingetaucht ist und im Einklang mit diesem atmet.

*

Das Gebet hat also verschiedene Aspekte: den »magischen« Aspekt, d. h. das Gebet in Formeln, den »gnostischen« Aspekt, wenn es unaussprechliches inneres Seufzen wird, und schließlich den »mystischen« Aspekt, wenn es zum Schweigen der Vereinigung mit dem Göttlichen wird.

*

Es ist also niemals vergebens und ohne Wirkung: selbst eine rasch auf eine gleichsam unpersönliche und abgerissene Weise ausgesprochene Gebetsformel hat eine magische Wirkung, weil die ganze Summe an Glut, die in diese Formel in der Vergangenheit von den Gläubigen, den Heiligen und den Engeln hineingelegt wurde, durch die einfache Tatsache des Aussprechens dieser Gebetsformel heraufbeschworen wird. Jede Gebetsformel, die durch den Gebrauch geweiht wurde, hat eine magische Kraft, da sie *kollektiv* ist: die Stimmen all derer, die sie je gebetet haben, werden durch sie heraufbeschworen und vereinigen sich mit der Stimme dessen, der sie mit ernsthafter Absicht ausspricht. Dies bezieht sich vor allem auf alle Formeln des liturgischen Gebetes. Jeder Satz der römisch-katholischen Messe und der griechisch-orthodoxen Liturgie zum Beispiel ist eine Formel der geheiligten göttlichen Magie. Es ist nichts

Erstaunliches daran, da die Messe und die Liturgie nur aus Gebeten von Propheten, Heiligen und von Jesus Christus selbst bestehen.

*

Vielleicht glauben Sie, daß die aus der Heiligen Schrift genommenen oder von den Heiligen gegebenen Formeln durch den Gebrauch abgenutzt sind und ihre Kraft verloren haben? Dies wäre ein gründliches Mißverständnis, denn der Gebrauch nutzt keine Gebetsformel ab, sondern im Gegenteil: er steigert ihre Kraft. Darum ist es auch bedauernswert, daß gewisse protestantische Kirchen die Angewohnheit haben, durch den Pastor oder Prediger die Gebete ihres Gottesdienstes improvisieren zu lassen, wohl weil sie glauben, daß das Persönliche das Wirksamste ist und nicht das traditionell Gewohnte und Kollektive.

*

Sie müssen wissen, lieber Unbekannter Freund, daß Sie niemals allein beten, daß es immer andere gibt – sei es oben oder in der Vergangenheit auf Erden –, die mit Ihnen in gleichem Sinne, im gleichen Geiste und sogar mit denselben Worten beten. Sie beten immer als Repräsentant einer sichtbaren oder unsichtbaren Gemeinschaft, und Sie beten immer mit ihr zusammen.

* *

Was nun das Gebet des inneren, unaussprechlichen Seufzens betrifft, das wir »gnostisch« genannt haben im Unterschied zum »magischen« Gebet in Formeln, so ist es die Verwandlung der psychophysischen Atmung im Gebet. So kann es ununterbrochen gebetet werden – Tag und Nacht, im Wachzustand wie im Schlaf, ohne Unterbrechung, solange die Atmung dauert. Diese Art des Gebetes (die vor allem im christlichen Osten gepflegt wird) hat eine mehr als magische Kraft: sie verwandelt den Menschen in einen Spiegel der geistigen und göttlichen Welt. Darum haben wir sie »gnostisch« genannt, da ja die gnostische Erfahrung die Widerspiegelung der mystischen Erfahrung ist.

*

Was nun das eigentlich »mystische« Gebet angeht, d.h. den Zustand der mit dem Göttlichen vereinten menschlichen Seele, wo nicht einmal mehr die Atmung ihr eigen ist, sondern wo sie allein in und durch den Hauch des göttlichen Atems atmet, so ist es das tiefe Schweigen aller Fähigkeiten der Seele – des Verstandes, der Vorstellungskraft, des Gedächtnisses und des Willens –, das zum Beispiel der hl. Johannes vom Kreuz in seinen Werken beschreibt und erklärt. Es ist die Vollendung der Liebe zwischen der Seele und Gott.

*

Die *Meditation,* d.h. die schrittweise Vertiefung des Denkens, hat ebenfalls ihre Stufen: sie umfassen die einfache Konzentration auf einen Gegenstand, die Einordnung des Gegenstandes in die gesamten Beziehungen, die er mit der Wirklichkeit hat, und schließlich das intuitive Eindringen in das Wesen des Gegenstandes selbst.

* *

Die Meditation kann also als Mittel dienen, um verschiedene Ziele zu erreichen, aber welches auch ihr Ziel sei, immer ist sie das Mittel zur Verwirklichung eines immer intensiveren Erwachens des ganzen Bewußtseins (und nicht nur des Verstandes) gegenüber den besonderen Tatsachen, den Ideen, den Idealen und schließlich der Wirklichkeit der irdischen und geistigen menschlichen Bedingungen im allgemeinen. Sie ist auch das Mittel zur Erweckung des Bewußtseins gegenüber den Offenbarungen von oben. Meditieren ist ergründen, ist bis auf den Grund der Dinge gehen.

*

Darum bringt die Praxis der Meditation die Umwandlung der formalen Logik. ...in die moralische Logik.

Die moralische Logik ihrerseits entwickelt sich, indem sie über das Begriffsvermögen hinausgeht zur Komtemplation der Dinge, die die Fassungskraft übersteigen – d.h. der Mysterien, die, da sie nicht unerkennbar sind, sich einer unendlichen Erkenntnis darbieten, die man immer tiefer und ohne Ende verstehen und kennenlernen kann.

Wenn man diese Kontemplation der Dinge erreicht hat, die über die augenblickliche Fassungskraft hinausgeht, wird die Meditation zum *Gebet,* ebenso wie das Gebet, das den Zustand der Kontemplation ohne Worte erreicht, zur *Meditation* wird.

Darin besteht die »alchimistische Vermählung« von Gebet und Meditation, von Sonne und Mond am inneren Himmel der Seele, die sich in der Seele des Menschen vollzieht, der auf dem Wege ist, das Arcanum »Der Narr« zu verwirklichen – das Arcanum der Vereinigung der Offenbarung von oben und der menschlichen Weisheit unter Vermeidung der Torheit; das Arcanum der Bildung des »Steins der Weisen«, in dem die doppelte Gewißheit der Offenbarung von oben und der menschlichen Erkenntnis konzentriert ist.

DIE WELT

Das Arcanum der Freude

Das zweiundzwanzigste Arcanum des Tarot legt die Idee nahe, daß die Welt eher künstlerisch als intellektuell aufzufassen ist, da sie Bewegung und Rhythmus ist (die zentrale Figur, die tanzt). Will dieses Arcanum nur diese Belehrung mitteilen, oder enthält es auch eine Warnung? Mit anderen Worten: Hat es ebenfalls zwei Aspekte – den belehrenden und den warnenden? Denn könnte es nicht sein, daß das Arcanum, das eine nackte Tänzerin in einer Girlande zeigt, uns zu seinem zweiten, verborgenen Namen »Die Törichte« hinführen will?

* *

Indem wir diese Frage stellen, befinden wir uns schon inmitten des Arcanums »Die Welt« mit seinen beiden Aspekten. Denn wie es beim Menschen »Kunst« und Kunst gibt, so gibt es auf kosmischer Ebene eine göttliche schöpferische »Kunst« und eine Kunst der Luftspiegelungen und Trugbilder; und ebenso wie es vom Heiligen Geist hervorgerufene Ekstasen und Erleuchtungen gibt, ebenso gibt es auch

Berauschtheiten, die vom Geist der Luftspiegelungen kommen, den man in der christlichen Hermetik den »falschen Heiligen Geist« nennt.

*

Ein Kriterium, um diese beiden zu unterscheiden, liegt in folgendem: Wenn Sie die *Freude* der künstlerischen Schöpfung, der spirituellen Erleuchtung und der mystischen Erfahrung suchen, nähern Sie sich unweigerlich mehr und mehr der Sphäre des »Geistes der Luftspiegelungen und Trugbilder« und werden diesem mehr und mehr zugänglich; falls Sie aber die *Wahrheit* auf dem Wege der künstlerischen Schöpfung, spirituellen Erleuchtung und mystischen Erfahrung suchen, so nähern Sie sich der Sphäre des Heiligen Geistes, und Sie öffnen sich ihm mehr und mehr.

*

Die Offenbarungen der Wahrheit, die vom Heiligen Geist stammen, *bringen Freude* oder Trost *mit sich* (der Geist des Trostes = Paraklet), aber nur solche Freude, die die *Folge* der offenbarten Wahrheit ist (Geist der Wahrheit – spiritus veritatis, Jo 16,13); anders die Offenbarungen dessen, was wir »Trugbild oder Luftspiegelung« genannt haben (was nicht dasselbe ist wie eine bloße Lüge, da ein Trugbild die schwebende Widerspiegelung einer Realität ist, aber eben »schwebend«, d.h. außerhalb des Zusammenhanges der objektiven Wirklichkeit mit ihren moralischen, kausalen, zeitlichen und räumlichen Dimensionen). Die Trugbilder *folgen der Freude nach;* sie sind aus der Freude geboren.

* * *

Was ist die Freude? Was ist ihr tiefer Sinn?

Im Lichte des Arcanums »Die Welt« betrachtet – des Arcanum der rhythmischen Bewegung oder des Tanzes –, ist die Freude der Einklang von Rhythmen, während das Leid deren Mißklang ist. Das Vergnügen zum Beispiel, das man empfindet, wenn man sich im Winter nahe an den Ofen setzt, ist nur das Wieder-in-Einklang-Bringen jenes Rhythmus des Körpers mit dem Rhythmus der Luft, die wir »Temperatur« nennen. Die Freude, die die Freundschaft uns schenkt, ist der Einklang der seelischen und geistigen Rhythmen von zwei oder mehreren Personen. Die Freude eines guten Gewissens ist der Einklang der moralischen Rhythmen des niederen Ich und des höheren Ich. Die Seligkeit, die denen versprochen wird, die ein reines Herz haben und die *»Gott schauen«* werden, ist die des Einklangs ihres Grundrhythmus mit dem göttlichen Rhythmus. Freude ist also der Zustand der Harmonie des inneren Rhythmus mit dem äußeren Rhythmus, des Rhythmus unten mit dem Rhythmus oben, des Rhythmus des Geschöpfes mit dem göttlichen Rhythmus.

Nun ist die ganze Welt der Zusammenklang von unzähligen Rhythmen. Denn das Leben der Welt beruht auf dem Übergewicht des Einklangs der einzelnen Rhythmen und nicht auf deren Mißklang.

Also ist das Leben im Grunde Freude.

* *

Das »Paradies der Wonne« [in Genesis 2] bezeugt, daß der ursprüngliche Zustand des Menschen und der Natur die Freude war, daß die Welt, soweit sie göttliche Schöpfung ist, das Reich der Freude ist.

Erst nach dem Sündenfall geschah es, daß der Freude das Leiden hinzugefügt wurde.

* *

Sogar der strengste Asketismus zeugt für die Lebensfreude, denn er will von den Elementen reinigen, die durch den Sündenfall hinzugekommen sind: er strebt nach der ursprünglichen und wahrhaften Daseinsfreude.

*

Auch das Ideal der Befreiung vom irdischen Leben, das Ideal des Buddhismus und des Yoga, bejaht letzten Endes das Sein, indem es nämlich empfiehlt, die Welt der Formen endgültig zu überschreiten bis hin zu jenem Grad der Universalität, der das reine Sein ist. Und den Zustand des reinen Seins – und nicht den des Nichts – würdigt der Yoga als Glückseligkeit oder Wonne (ananda), wenn er die Gleichung aufstellt: Sat (Sein) = Chit (Bewußtsein) = Ananda (Glückseligkeit).

*

Was das buddhistische Nirwana betrifft, so ist es der Zustand völliger Abwesenheit des zur irdischen Inkarnation gehörenden Leidens. Wenn das Nirwana das reine Nichts und nicht die Seligkeit des reinen Seins bedeutete, würde niemand – auch nicht der Buddha selbst – in sich jene beträchtliche Energie finden können, die die moralische und intellektuelle Anstrengung des Weges erfordert, der zum Nirwana führt: um sich anzustrengen, muß man wollen, und man kann nicht das Nichts wollen, d. h. das, bei dem es nichts zu wollen gibt.

Vollkommener Selbstmord? Nein, weil der Selbstmord ein Akt der Verzweiflung ist, während das Nirwana die Hoffnung auf die Wonne des Friedens ist, zu der man gelangen kann – oder zu können glaubt –, nachdem man einen langen Weg der Disziplin, des Verzichtes und der Meditation durchlaufen hat. Bitten wir Christen nicht auch für die Seelen der Verstorbenen:

»Requiem aeternam dona eis, Domine! – Herr, gib ihnen die ewige Ruhe!«

Auch die Buddhisten wollen nichts anderes als diese »requies aeterna – ewige Ruhe«, die sie »Nirwana« nennen.

*

Bleibt schließlich die Frage des Selbstmordes. Man sagt, solch ein Mensch habe sich eine Kugel in den Kopf gejagt, weil er nicht länger leben wollte. Ist es wahr, daß er nicht länger leben wollte? Oder hat er nicht vielmehr Selbstmord begangen, weil er *anders* leben wollte? Weil er nicht glaubte, daß er sein Leben ändern könne? Im Innersten der Depression und Verzweiflung, die zum Selbstmord führen, findet sich das Element der *Unzufriedenheit,* d.h. der Wunsch einer anderen Lebensform oder einer anderen Lebensweise. Man ist nicht unzufrieden, wenn man nicht etwas anderes will. Man verzweifelt nicht, wenn man nichts erhofft. Man tötet sich nicht, wenn man das Leben nicht ernst nimmt. Jede Unzufriedenheit setzt die Bejahung eines vorgestellten Glücks voraus. Jede Verzweiflung setzt eine schlummernde Hoffnung voraus. Jeder Selbstmord setzt also die leidenschaftliche Bejahung von irgend etwas Lebenswertem voraus: Liebe, Ruhm, Ehre, Gesundheit, Glück – – –

Sogar in der gefallenen Welt, in der Welt, die nur einen Abglanz ihres ursprünglichen Zustandes bewahrt, der derjenige der ungetrübten Freude war – der Zustand des »von Gott gepflanzten Gartens« –, sogar in unserer gefallenen Welt, von der Schopenhauer sagt, daß die Summe an Leid bei weitem die der Freude übersteigt, selbst in dieser Welt, sage ich, ist es die Freude zu leben, die sie bewegt. Selbst wenn Schopenhauer recht hat, daß die *Quantität* des Leidens die der Freude übertrifft, so ist doch die *Qualität* der Freude, auch wenn sie seltener und von kürzerer Dauer ist als das Leid, so beschaffen, daß man liebevoll an sie denkt, sie im Gedächtnis behält, daß sie Hoffnung weckt und daß sie – in einem Wort – die Welt bewegt.

»Lust – tiefer noch als Herzeleid:
Weh spricht: Vergeh!
Doch alle Lust will Ewigkeit –
will tiefe, tiefe Ewigkeit!«

sagt Nietzsche in seinem »Also sprach Zarathustra«. Er hat recht: die Quellen der Freude sind tiefer als die des Leidens. Sie rühren noch vom Strome her, der von Eden ausging, um »den Garten zu bewässern« (Gen 2,10).

*

Die Freude ist älter als das Leid, und die Welt der Freude geht der Welt des Leides voraus: das Paradies war da, bevor es die Welt des Kampfes ums Dasein und des Überlebens des Fähigsten gab. So wie das Leben dem Tode vorausgeht, ebenso geht auch die Freude dem Leid voraus.

Es gibt die Freude der Weisheit und die Freude des Rausches – im Septuagintatext des alttestamentlichen Buches der Sprüche wird letztere »fremdes Wasser« genannt, die eine rinnt aus der Weisheit, während die andere eine falsche Weisheit erzeugt, die aus Trugbildern besteht. Denn in der unsichtbaren Welt gibt es eine Sphäre der Trugbilder oder »Luftspiegelungen«, die für die Esoteriker, die Gnostiker und die Mystiker – für alle, die authentische geistige Erfahrung suchen – die gefährlichste Falle bedeutet. Rudolf Steiner hat sie »Lügengürtel« genannt, und in der traditionellen christlichen Hermetik nennt man sie die »Sphäre des falschen Heiligen Geistes.«

*

Diese Sphäre oder dieser Gürtel ist dem gewöhnlichen Bewußtsein, dem sogenannten »Ichbewußtsein« näher als die »Sphäre des Heiligen Geistes«, die der Aufenthaltsort der Heiligen ist und von wo aus sie auf das irdische menschliche Bewußtsein wirken. Um sich also zu der Sphäre der Heiligen und der himmlischen Hierarchien zu erheben, muß man zuerst die »Sphäre des falschen Heiligen Geistes« »durchschreiten«, d.h. sich weigern, auf ihre Anziehung einzugehen.

* *

Die Verlockung der Sphäre der Trugbilder ist also gemäß dem Buch der Sprüche (9,17) »gestohlenes Wasser«, d.h. das plastische Element, das rinnt und das Bewußtsein in einem köstlichen Strom von mühelosen Erleuchtungen und Inspirationen mitreißt, ohne daß das Bewußtsein die moralische Anstrengung macht, die sich in drei Worten zusammenfassen läßt.

Kreuz, Gebet und Buße.

Das Bewußtsein befindet sich dabei in einem Zustand der Begeisterung und der Freiheit, der es von jeglichem Gesetz, jeglicher Verpflichtung, wem immer über was auch immer Rechenschaft abzulegen, entbindet – so als ob das Kreuz gar nicht mehr existiere –, wobei es Erleuchtungen empfängt, die es nicht erbetet hat, unentgeltlich, frei von jeder Erinnerung an Sünde, von allen Gewissensbissen und aller Verantwortlichkeit für die eigenen Sünden und Verirrungen der Vergangenheit – als ob Sünde und Verirrung Bagatellen seien, kaum wert, sich ihrer zu erinnern. Erfüllt von Freude, den schöpferischen Schwung genießend, ergibt es sich rückhaltlos der visionären und inspirierten Spekulation, in der jedes Bild und jeder Gedanke, die sich einstellen, ihm Offenbarungen von oben zu sein scheinen. Siegelabdrücke der übermenschlichen Weisheit --- Dieses »gestohlene Wasser« ist um so gefährlicher, als es die Seele mit Strömen von psychischer Energie *überflutet,* was für sie eine ganz neue Erfahrung ist und sie zu dem Glauben verleitet, daß es sich um eine übernatürliche Einmischung handele. Andererseits stimmen die Erleuchtungen, die diese Fluten mit sich bringen, mit den intimsten Neigungen und Wünschen der Seele überein, was ihre Überzeugungskraft und ihren Einfluß auf sie verdoppelt.

So kommt es zu falschen Propheten und falschen Messiassen.

* *

Was ein solches intellektuelles Trugbild um so gefährlicher macht, ist die Tatsache, daß es im allgemeinen nicht einfach eine Lüge oder eine reine Illusion ist. Es ist eine Mischung von Wahrheit und Lüge auf unentwirrbare Art. Dabei dient das Wahre dazu, das Falsche zu stützen, und das Falsche scheint dem Wahren einen neuen Glanz zu verleihen. Es ist also eine Luftspiegelung, ein *Trugbild,* und nicht einfach eine Lüge, die leichter erkennbar wäre. Und da es sich um eine Verschmelzung von Wahrem und Falschem handelt, erscheint das Wahre im Lichte des Falschen. Ideen, die in sich selbst wahr sind, erhalten dabei infolge ihrer Verbindung mit falschen Ideen eine entstellte Bedeutung. Es ist ein aus Wahrem und Falschem gesponnenes Gewebe, das sich der benebelten Seele bemächtigt.

* * *

Das Arcanum »Die Welt« vermittelt uns also eine Lehre von unermeßlicher praktischer Tragweite.

Die Welt ist ein Kunstwerk. Sie ist beseelt von schöpferischer Freude. Die Weisheit, die sie offenbart, ist eine freudvolle Weisheit, nämlich die des künstlerisch-schöpferischen Elans und nicht die des technischen Ingenieurs oder des Industriezeichners. Glücklich, wer in erster Linie die Weisheit sucht, denn er wird sie als eine freudvolle finden! Unglücklich, wer in erster Linie die Freude der freudvollen Weisheit sucht, denn er wird den Illusionen zum Opfer fallen! Suchen Sie vor allem die schöpferische Weisheit der Welt, und die Freude des Schöpferischen wird Ihnen hinzugegeben werden!

*

Aus dieser Lehre ergibt sich eine wichtige Regel der geistigen »Hygiene«, nämlich, daß wer immer nach authentisch geistigen Erfahrungen strebt, niemals die *Intensität* der erlebten Erfahrung verwechseln darf mit der *Wahrheit*, die sich in ihr offenbart – oder nicht offenbart. Möge er also nicht die *Stärke* des Auftretens einer inneren Erfahrung als Maßstab für ihre Glaubwürdigkeit und ihre Wahrheit ansehen. Denn eine Illusion, die aus der »Sphäre der Trugbilder« kommt, kann Sie überwältigen, während eine wirkliche Offenbarung von oben als ein inneres, kaum vernehmbares Flüstern vorkommen kann. Weit davon entfernt, sich mit Gewalt aufzudrängen, verlangt die authentische geistige Erfahrung manchmal sogar eine sehr wache und konzentrierte Aufmerksamkeit, damit man sie nicht unbemerkt vorübergehen läßt. Es ist oft schwierig, sie überhaupt zu bemerken, geschweige denn, daß man von ihr ergriffen oder überwältigt wird.

*

Wäre dem nicht so, wozu dann die Übungen der Konzentration und der tiefen Meditation! Denn all diese Übungen, die jede ernsthafte Esoterik vorschreibt, sind nötig, um die Aufmerksamkeit dermaßen wach und intensiv zu machen, daß Wahrnehmungen in dem ruhigen verschwiegenen Bereich der Seelentiefen möglich werden, wo die geistige Wahrheit sich kundtut. Diese geistige Wahrheit hat die ausgesprochene Tendenz, sanft und allmählich zu wirken – obwohl es Ausnahmen gibt, wie z. B. im Falle des hl. Paulus. Die allgemeine Regel aber ist, daß die geistige Welt keineswegs der Dünung des Meeres zu vergleichen ist, die die Dämme zu zerstören droht, um das Land zu überfluten.

*

Nein, charakteristisch für die geistige Welt, d. h. für die Sphäre des Heiligen Geistes, ist die Rücksicht, die sie den menschlichen Bedingungen entgegenbringt. Maß und Häufigkeit der Offenbarungen von oben, die einem Menschen bestimmt sind, werden mit großer Sorgfalt bemessen, um jede mögliche Störung im moralischen und körperlichen Gleichgewicht dieser Persönlichkeit zu vermeiden. Was die geistige Welt vor allem bevorzugt, ist die »vernunftgemäße Inspiration«, d. h. das sanfte Fließen der Inspiration, das sich in dem Maße intensiviert, wie die intellektuellen und moralischen Kräfte des Empfangenden wachsen und reifen. Da offenbaren sich die aufeinanderfolgenden Elemente einer großen Wahrheit allmählich, bis der Tag kommt, an dem die ganze große Wahrheit im so vorbereiteten menschlichen Bewußtsein aufleuchtet. Dann wird Freude herrschen, gewiß, aber keine Störung des Gleichgewichts wie beim Rausch.

Epilog

Faust und Hiob

Faust ist der Hiob im Zeitalter des Humanismus, d.h. in der Morgenröte der modernen Zeit. Ebenso wie der biblische Hiob ist er der Einsatz einer Wette, die von Mephistopheles Gott vorgeschlagen und von Gott angenommen wurde. Doch die Prüfung und Versuchung von Faust unterscheidet sich von der des biblischen Hiob dadurch, daß sie sich nicht auf Mißgeschick und Unglück bezieht, sondern auf Erfolg und Gelingen. Mephistopheles hatte die von oben bewilligte Vollmacht, alle Wünsche von Faust zu befriedigen. Die Prüfung, um die es sich dabei handelte, lief auf die Frage hinaus, ob die Welt des Bedingten und des Vorübergehenden jemals den Faust – den aus dem Mittelalter hervorgegangenen modernen Menschen – werde befriedigen können; ob alle Genüsse auf Erden, im Kleinen wie im Großen, das Streben des Menschen nach dem Absoluten und Ewigen werden einschläfern können, indem sie ihn ganz befriedigen und glücklich machen. Hiob hat gezeigt, daß alles Leid, das die Welt dem Menschen zufügen kann, es nicht vermag, die menschliche Seele von Gott loszureißen; Faust hat gezeigt, daß die Freude, die die Welt bieten kann, es ebensowenig vermag.

*

Faust ist tatsächlich der dominierende Archetypus der Epoche nach dem Mittelalter, die gekennzeichnet ist durch das enorme Anwachsen der Macht der Menschheit über die Natur und die Möglichkeit, ihre Wünsche zu befriedigen – einschließlich der Wünsche der kühnsten Magier der Vergangenheit, wie das Fliegen durch die Luft, das Sehen und Hören auf große Entfernungen, das Fahren im Wagen ohne Pferde, das Hervorrufen lebendiger Bilder und Töne von vergangenen oder weitentfernten Geschehnissen usw. Es ist ganz, als hätte der Fürst dieser Welt die Vollmacht erhalten, alle Wünsche der gegenwärtigen Menschheit einen nach dem anderen zu befriedigen, um einen *Beweis* zu erbringen: um, was ihn selbst betrifft, zu beweisen, daß Macht und Genuß der Welt hier unten, daß also das Relative und Vergängliche den Menschen das Absolute und Ewige, daß sie ihn Gott vergessen lassen können; oder, was Gott betrifft, um den Hierarchien des Bösen zu beweisen, daß der Mensch von einem anderen Format ist als dem des Relativen und Vergänglichen und daß Macht und Genuß hier unten, wieviel er auch davon haben mag, ihn niemals befriedigen könnten. Die Prüfung unseres Zeitalters ist die des Faust. Es ist die Prüfung der befriedigten Wünsche.

Aus dem Einundzwanzigsten Brief

Meister des inneren Weges

Dionysius Areopagita
Ich schaute Gott im Schweigen
Mystische Texte der Gotterfahrung
Übersetzt und für die Meditation
erschlossen von Volkmar Keil
Band 1221, 128 Seiten

Jakob Böhme
Die Morgenröte bricht an
Zeugnisse der Naturfrömmigkeit
und der Christuserkenntnis
Ausgewählt und eingeleitet von Gerhard Wehr
Band 1077, 128 Seiten

Erkenne das Urbild, suche das Maß
Die Weisheit der Entsprechung I GING
Band 1230, 128 Seiten

Rudolf Steiner
»Erkenne dich im Strome der Welt«
Wege zur Bewußtseinserweiterung
Vorgestellt von Gerhard Wehr
Band 1328, 128 Seiten

Buchstaben des Lebens
Nach jüdischer Überlieferung
Erzählt von Friedrich Weinreb
Band 699, 160 Seiten

Der Anonymus d'Outre-Tombe

DIE GROSSEN ARCANA DES TAROT

MEDITATIONEN

Aussagen und Stimmen zum Werk:

»Ein christlicher Denker und Beter von bezwingender Lauterkeit breitet Symbole der christlichen Hermeneutik in ihren Stufen – Mystik, Gnosis und Magie – ... vor uns aus, die er meditierend in die tiefere, weil allumgreifende Weisheit des katholischen Mysteriums heimzuführen sucht ... Der Verfasser kann nur deshalb so souverän auf alle Spielarten okkulter Wissenschaft eingehen, weil sie für ihn zweitletzte Realitäten sind, die lediglich dann wahrhaft erkannt werden, wenn sie sich auf das absolute Mysterium der göttlichen Liebe in Christus beziehen lassen.«
HANS URS VON BALTHASAR in seiner Einleitung

Die außerordentliche, spirituelle Kraft und tiefe Religiosität des Verfassers wird vielen Lesern neue meditative und intellektuelle Wege zum christlichen Glauben eröffnen. In einer Zeit der allgemeinen theologischen Entmythologisierung schafft dieses Buch in wohltuender Weise den Ausgleich, in dem es Weisheitsschätze wieder voll in das Glaubensleben einbringt.
JOACHIM ILLIES

»... man ist versucht zu sagen, daß es fast nichts gibt, das dem Menschen auf Erden begegnen kann, was nicht in irgendeiner Form in diesem Buch thematisiert wäre. Aber es erscheint alles auf eine überraschende, völlig neuartige, tiefe Weise betrachtet ...
Die Kirche, vom Bewußtsein des 20. Jahrhunderts oft als etwas Überkommenes, Veraltetes, in ihrem historischen Versagen Kritisierbares gesehen, wird vom Verfasser in einer überraschenden Weise neu beleuchtet und in einer unermeßlichen Tiefe dargestellt.«
MICHAEL FRENSCH, in: Hermetika, Zeitschrift für christliche Hermetik, 5. 4. 1984

Ausgabe A: in 4 Bänden, je Band ca. 190 Seiten, 13,9 × 21,4 cm, Paperback.
Band 1: ISBN 3-906-37101-8 / Band 2: ISBN 3-906-37102-6
Band 3: ISBN 3-906-37103-4 / Band 4: ISBN 3-906-37104-2

Ausgabe B: als Liebhaberausgabe in 2 Bänden, zusammen 772 Seiten, gebunden. ISBN 3-906-37105-0

HERDER BASEL